Donatien Mollat

Zukunft und Gegenwart
Die Apokalypse
heute gelesen

Donatien
Mollat

Die Apokalypse
heute gelesen

Zukunft und Gegenwart

St. Benno-Verlag
Leipzig

Aus dem Französischen übersetzt
und herausgegeben
von Carl Scharfenberger

Die französische Originalausgabe
erschien unter dem Titel:
Une lecture pour aujourd'hui:
l'Apocalypse (lire la Bible 58)
Les Éditions du Cerf, Paris
Textes rassemblés et présentés
par Bernard Mollat

ISBN 3-7462-0071-7

Vorbemerkung
zur deutschen Ausgabe

Das hier in deutscher Übersetzung vorliegende Buch von Donatien Mollat über die Offenbarung des Johannes will nicht als Fachbuch der Exegese gelesen werden, wohl aber als Einladung für jedermann, eine geistliche Lesung der Offenbarung zu wagen.

Diesem Anliegen verpflichtet, hat der Neffe, Bernard Mollat, den Nachlaß seines Onkels gelesen, geordnet und schließlich als ein Büchlein präsentiert, dessen Übersetzung auch unsern Lesern hilfreich sein kann, zu tieferem Verständnis und fruchtbarer Lektüre des letzten Buchs der Bibel.

Deshalb wurde bei der Übersetzung versucht, die persönlich gefärbte Schreibweise des Autors beizubehalten und auch die gehobene Feierlichkeit des Abschlußkapitels wörtlich wiederzugeben.

Für die Bibelzitate wurde ausnahmslos der Wortlaut der Einheitsübersetzung der Heiligen Schrift verwendet.

Vorwort

Im August 1977 hatte ich in Jerusalem die Aufzeichnungen meines Onkels zu sichten, eines Exegeten, der einige Monate zuvor gestorben war. Ich kehrte wieder nach Paris zurück, mit einem Koffer zum Bersten gefüllt mit Papier. Ein Aktenstoß dabei, der mich unruhig und neugierig werden ließ: »Die Apokalypse«.

Ich war seit über zehn Jahren Priester und hatte mich mit der Bibel in allen ihren Teilen beschäftigt, mich an die Apokalypse jedoch niemals recht herangewagt. Es war eben eine komplizierte Sache: Johannes im hohen Alter glaubte sich schon im Himmel. Doch bot er möglicherweise Beschreibungen des Himmels an, die mir bislang gänzlich entgangen waren? War dies das Buch, das mir Hilfen geben könnte zum christlichen Leben? Wäre das Erschrecken nicht groß, wenn sich die Liturgie verstärkt von der Apokalypse her neu orientieren würde? Woher kommt die Erleuchtung? – Im Seminar gab es darüber so gut wie keine Vorlesungen . . .

Im Eigentlichen mußte man es sicher glauben, daß auch dieses letzte Buch der Bibel ein inspiriertes Buch war. Aber war es ein tatsächlich religiöses Buch oder mehr die Nachtarbeit eines Grüblers in der Erwartung seines Aufbruchs zum Vater?

Notizen verschiedenster Denkansätze machten mich auf alles gefaßt, ebenso Schreibmaschinenseiten von einer Konferenz in Biviers im August 1970, darunter befand sich die Schlußhomilie (veröffentlicht in »La vie et la gloire«, Cerf 1980).

Was tun mit diesem Schatz, den manche Leute für nicht mehr aktuell halten?

Ich habe das Ganze mit Geduld neu zusammengestellt, gelesen, abgeschlossen und wieder verworfen. Etienne Charpentier besaß die Liebenswürdigkeit, meine Arbeit zu lesen und wieder aufzunehmen. Dafür sei ihm gedankt. Er war es, der mir die Sicherheit gab, die Apokalypse neu entdeckt zu haben, dank Donatien Mollat.

Ich mußte also wieder von vorn anfangen und praktisch alles noch einmal schreiben, doch ich hatte einen Schatz entdeckt, den ich nicht für mich allein bewahren durfte, es drängte mich, meine Entdeckung anderen mitzuteilen.

Was ich hier vorlege, ist keine Arbeit für Spezialisten, sondern für jemanden, der die Offenbarung lesen möchte. Die Offenbarung ist für alle, nicht nur für die Gelehrten. Ich habe verstanden, daß die Apokalypse gerade für unsere audiovisuelle Zeit einiges zu bieten hat. Ich glaube hier entdeckt zu haben, und ich möchte es zunächst einmal unfertig so nennen: die Gegenwart Christi in der Kirche, in der Kirche in ihrem Auf und Ab, aufgewühlt durch Reformation, Konzil, Reaktion, mitten in der Welt von gestern und heute. Der auferstandene Christus, der »uns liebt«, in der Gegenwart, ist da, unter uns, den 144 000.

Heute sind wir es, die aufgerufen sind, das Gottesvolk zu bilden und dadurch den ZEUGEN zu bezeugen. Die Frau im Kleide der Herrlichkeit, den Mond zu ihren Füßen, das ist unsre Kirche, deren Urbild Maria ist, unsere Kirche, genährt und beschützt durch Gott, der sie bewohnt.

Das Buch der Apokalypse ist ein Pastoralbuch, das uns sowohl aus dem gewohnten Gleichgewicht wirft als auch wieder Sicherheit gibt; vor allem aber ist sie ein Buch der Hoffnung, das uns weitergehen heißt, trotz der Anstrengung des Tieres, beim Versuch, die Auserwählten zu verschlingen.

Wozu kann dieses Buch nützlich sein? Mir hat es wieder ganz deutlich gemacht, was für mich die Kirche ist: Nicht nur eine hierarchische Ordnung, sondern auch ein Volk, jenes des Exodus, hierarchisch, aber unterwegs zu seinem Herrn, noch in den Fährnissen dieses Lebens und schon am Ziel: ein Volk, in dem Gott wohnt.

Diese Aufzeichnungen haben mir geholfen, ich habe versucht, daraus ein Buch zu machen. Andere sollten ebenfalls aus meiner Entdeckung Gewinn schöpfen. Mögen die Gelehrten mir verzeihen.

Was ich hier schreiben wollte, richtet sich an alle, die im Wort Gottes die lebendigmachende Gegenwart des Geistes suchen.

Bernard Mollat

Inhalt

Erster Abschnitt
Die inkarnierte Kirche

Erstes Kapitel   Die Apokalypse, ein Buch über die Kirche und für die Kirche 14

Nicht Merkwürdigkeit für Neugierige, sondern Gotteswort für alle 14
Ein Hirtenschreiben für gestern und heute 19
Die Apokalypse: Eine Prophetie 22
Die Apokalypse: Eine Apokalypse 25
Die Apokalypse: Das »Finale der biblischen
Symphonie« 30
Deutungssysteme der Apokalypse 33
    Voraussage der Kirchengeschichte 34
    Symbolische Beschreibung der Kirchengeschichte
    von der Menschwerdung bis zur Wiederkunft des
    Herrn 36
    Voraussage vom Ende der Welt 36
    »Trans-historisch« oder »supra-historisch« 37

Zweites Kapitel   Eine Pastoralreise des auferstandenen
Christus: Apokalypse 1–3 39

Die Vision: Der Menschensohn Christus, Ursprung und
Mittelpunkt der Kirche 40

Briefe an die Kirche 48
  Christus im Dialog mit der Kirche: Er prüft, er kennt,
  er weiß, er warnt, er ermutigt, er liebt und will retten . 48
  – Konkrete Gemeinden 49
  – Nach gleichem Muster gestaltete Briefe 50
  – Eine Gewissenserforschung 51
  – Zwei Gruppen von Gemeinden 54
  Der Herr der Kirche 56

Zweiter Abschnitt
Die Kirche in ihrem Ringen auf Erden

Erstes Kapitel   Das Buch mit den sieben Siegeln und
das Lamm 60

Die »einzigartige Liturgie« (Apokalypse 4 und 5) 60
  Die Vorbereitung der Vision oder die offene Tür . . . 60
  Die Vision 62
  Die himmlische Liturgie 68
Die Öffnung der Siegel (Apokalypse 6): Die vier Pla-
gen, die Ära der Endzeit 78
  Der Krieg 78
  Der Hunger 78
  Die Pest 79
  Der Tod 79

Zweites Kapitel   In Trübsal versammelt, wird die Kirche in Verfolgungen gesandt 84

Das neue Israel inmitten der Völker 84
  Der mächtige Engel (Apokalypse 10, 1–2) 88
  Die sieben Donner und der Schwur (Apokalypse
  10, 3–7) 89
  Das kleine Buch und die Einsetzung als Prophet (Apo-
  kalypse 10, 8–11) 91

Sendung der Kirche als der neue Prophet unter den Völkern 94

Drittes Kapitel   Die Kirche und die beiden Tiere:
Das Welt-Tier und das Geist-Tier 104

Das erste Zeichen: Die »Frau«, Volk Gottes 104
Das zweite Zeichen: Die Frau, Volk Gottes, gegenüber
dem feuerroten Drachen 109
Eine Vision: Das Tier aus dem Meer oder die christliche
Gemeinde gegenüber dem römischen Imperium 115
Das Tier aus der Erde, Helfer des Drachen, oder das
Pseudo-Geistliche 123

Viertes Kapitel   Beim Untergang der Stadt harrt die erlöste Gemeinde in der Nachfolge Christi aus 127

Das Bild der 144 000 131

Dritter Abschnitt
Die verklärte Kirche

Erstes Kapitel   Die neugeschaffene Menschheit 140

Die erste Vision 142
Die zweite Vision 148
Die dritte Vision 158

Zweites Kapitel   Auf dem Weg zur Glorie: Das christ-
liche Exodusbuch 164

Drittes Kapitel   Zum großen Fest: Die Liturgie in der
Apokalypse 178

Theozentrische Liturgie 180

Christozentrische Liturgie 183
Gemeinschaftliche Liturgie 187
Eine in der Geschichte integrierte Liturgie 189
Eine übernatürliche »geheimnisvolle« Liturgie 190
Endzeitliche Liturgie 191

Viertes Kapitel Hören, Wachen, Mit-Christus-Sein:
Die sieben Seligkeiten 194

Erste Seligkeit 194
Zweite Seligkeit 195
Dritte Seligkeit 197
Vierte Seligkeit 198
Fünfte Seligkeit 199
Sechste Seligkeit 200
Siebte Seligkeit 200

Schluß Die Apokalypse, ein Buch der Hoffnung 202

Das Mysterium der menschlichen Zukunft 202
Ein Volk unterwegs und schon am Ziel 203
Nicht für uns allein! 205

Literaturhinweise 207

1 Die inkarnierte Kirche

1. Kapitel

Die Apokalypse, ein Buch über die Kirche und für die Kirche

Das Lesen der Apokalypse wird zum Abenteuer. Herder soll sogar gesagt haben, sich niemals mit der Offenbarung beschäftigt zu haben, sei Zeichen eines gesunden Verstandes! Eine solche geistreiche Feststellung dürfte die Einstellung mancher Leute zu diesem Buch kennzeichnen.

Nicht Merkwürdigkeit für Neugierige, sondern Gotteswort für alle

So sind die in ihrer Art befremdenden Bilder, die sich für das europäische Denken zuweilen ohne Zusammenhang darbieten – die erschreckenden Aussagen, als geheimnisvolle Anspielungen in einigen Abschnitten der Apokalypse auf die Zukunft weisend – für bestimmte Leser dazu angetan, als uninteressant abgetan zu werden. Man legt sie einfach ad acta. Wieviel Christen überhaupt kennen schon die Apokalypse? Es gibt wohl solche, die darin die Tiefe erahnen und eine große Neugier in sich verspüren. Doch häufig verharrt diese Neugier an der Schwelle des Werkes, als ob man nicht eindringen dürfe. Diese Betrachter geben sich damit zufrieden, die Bilder nur von außen her zu schauen, sozusagen als Ausdruck einer phantasievollen und irrealen Welt, nichts weiter. Diese Bilder kennt man . . .

Wer mehr wissen möchte, wagt mehr, er überschreitet die Schwelle, um dem Buch sein Geheimnis zu entreißen; aber leider geschieht dies oftmals ohne Hilfe und gelegentlich auch ohne die Kenntnis der Literargesetze und der Traditionen, welche dieses Buch prägten und allein nur die Auslegung ermöglichen.

Welcher Exeget hat nicht schon einmal in seinem Leben die Apokalypse von solchen Leuten ausgedeutet bekommen, die meinen, dieses Werk in all seinen Geheimnissen durchforstet zu haben, ohne dabei im Besitz der notwendigen Mittel für ein in die Tiefe gehendes Eindringen zu sein.

Ein Desinteresse, die Meinung, das Lesen der Apokalypse den Fachleuten zu überlassen, ist eine nicht korrekte Haltung. Es hieße dem Inhalt dieses Buches nicht gerecht zu werden und gegen die Bekenntnisse seines Verfassers und der ältesten Tradition der Kirche zu verstoßen, die ja die Offenbarung als ein Buch des Neuen Testaments anerkannt hat.

Wie man auch dazu stehen mag, die Apokalypse ist eines der meist kommentierten Bücher der Schrift: niedergeschriebene Stellungnahmen, aber auch solche in Form von Skulpturen, der Malerei und Wandgestaltung.

Die Kirche hat die Apokalypse als Bestandteil der Heiligen Schrift anerkannt:

Schreib das, was du siehst, in ein Buch, und

schick es an die sieben Gemeinden . . . (1,11).

Dieser Auftrag: »Schreib« zur Unterweisung der Kirche und der Christen findet sich immer wieder, insbesondere zu Beginn eines jeden der sieben Briefe an die Gemeinden (2,1.8. 12.18; 3,1.7.14).

Diese förmliche Anweisung kehrt des öfteren in der Apokalypse wieder:

Und ich hörte eine Stimme vom Himmel her rufen:

Schreibe! Selig die Toten, die im Herrn sterben,

von jetzt an; ja, spricht der Geist, sie sollen

ausruhen von ihren Mühen; denn ihre Werke begleiten

sie (14,13).

Jemand sagte zu mir: Schreib auf: Selig wer zum

Hochzeitsmahl des Lammes eingeladen ist. Dann

sagte er zu mir: Das sind zuverlässige Worte, es

sind Worte Gottes (19,9).

Er der auf dem Thron saß, sprach: Seht, ich mache alles neu. Und er sagte: Schreib auf, denn diese Worte sind zuverlässig und wahr (21,5).

Im Bewußtsein des göttlichen Ursprungs seiner Botschaft verkündigt der Verfasser der Apokalypse die Seligkeit derer, die diese Offenbarung lesen werden.

Selig, wer diese prophetischen Worte vorliest
und wer sie hört und wer sich an das hält, was
geschrieben ist, denn die Zeit ist nahe (1,3).

Andererseits richtet er seine ernste Warnung gegen diejenigen, die seine Botschaft verfälschen, sei es nun durch Hinzufügung oder Auslassung.

Wer etwas hinzufügt, dem wird Gott die Plagen
zufügen, von denen in diesem Buch geschrieben
steht. Und wer etwas wegnimmt von den prophetischen Worten dieses Buches, dem wird Gott seinen
Anteil am Baum des Lebens und an der heiligen
Stadt wegnehmen (22,18.19).

Die Apokalypse ist ein geistliches Buch, ein Buch, das den Geist gibt, der das geistliche Leben nährt. Johannes selbst lädt in der Apokalypse dazu ein, auf die Stimme des Heiligen Geistes zu hören, der da spricht:

Selig, wer diese prophetischen Worte
vorliest und wer sie hört (1,3).

Viel mehr noch ist die Apokalypse ein liturgisches Buch. Johannes unterscheidet ganz klar »den, der vorliest« von »denen, die hören«. Es ist also nicht das private Lesen, sondern der Lektor gemeint, der inmitten einer Versammlung von Christen »die Worte der Prophetie« verkündet.

Zuhören genügt nicht, man muß sich an das
halten, was geschrieben steht (1,3).

Besser konnte man die Bedeutung der Botschaft nicht nahebringen, noch konnte man besser die Notwendigkeit unterstreichen, sich von ihr durchdringen zu lassen, um daraus zu leben.

Johannes erhält den Auftrag zu schreiben, und die Christen

sollen auf den Geist hören. Ein solches Hören ist ein Suchen, um in das einzudringen, was der Geist sagt, denn hier spricht Gott. So schließt jeder Brief mit der Einladung:

Wer Ohren hat, der höre, was der Geist den
Gemeinden sagt (2,7.11.17.29; 3,6.13.22).

Die Aufforderung zum Hören findet sich wieder in Offb 13,9 nach der großen Vision von der Frau und dem Drachen, dann in Offb 22,17, in welcher einer der letzten Verse des Buches dazu einlädt, nicht nur zu hören, sondern auch zu beten.

Wer hört, der rufe: Komm! (22,17)

Dort verwandelt sich sofort das Hören des Geistes in ein Rufen zu Jesus: »Komm!«

Das Geheimnis der Apokalypse ist eine an die Kirche gerichtete Glaubensbotschaft. Hörer und Leser sollen Dürstende nach Wahrheit und nach göttlichem Leben sein.

Wer durstig ist, der komme. Wer will, empfange
umsonst das Wasser des Lebens (22,17).

Was so angeboten wird, ist ein Gnadengeschenk Gottes. Man darf die Apokalypse nicht dem Bereich der esoterischen Literatur zurechnen, wie dies gern geschieht. Sie ist ein Buch für die ganze Kirche und für alle Gläubigen. Der Beweis dafür findet sich im Abschluß eines jeden der sieben Briefe, die den »Sieger« betreffen ...

Jeder Leser ist mit dem Brief gemeint: Nicht die Kirche, nicht der Gebildete, nicht ein besonderer Personenkreis; der Preis wird dem verheißen, der gesiegt hat. Einsicht und Gespür werden verlangt, um in dieses Buch einzudringen. Gibt nicht Johannes selbst von Zeit zu Zeit den Beweis? Z. B. wo es um die Zahl des Tieres geht:

Hier braucht man Kenntnis. Wer Verstand hat,
berechne den Zahlenwert des Tieres (13,18).

Weite Abschnitte der Apokalypse scheinen besondere Fachkenntnisse abzuverlangen, aber es bleibt ein Buch, das sich an alle richtet und von allen genutzt werden kann und soll.

Wenn dieses Buch Verstand, Gespür und Sachkenntnis fordert, um darin einzudringen, so ist es keineswegs ein versiegeltes Buch. Der Verfasser der Apokalypse erhält den Auftrag, die prophetischen Worte, die in dem Buch enthalten sind, »nicht zu versiegeln«.

Und er sagte zu mir: Versiegele[1]
dieses Buch mit seinen prophetischen
Worten nicht! Denn die Zeit ist nahe (22,10).

Das Buch der Apokalypse ist für jedermann. Es soll Öffentlichkeitscharakter besitzen und verkündigt werden, und zwar in der liturgischen Versammlung, für die ganze Gemeinde, ohne Unterschied. Die Begründung für das Nicht-Versiegeln der Worte lautet: »Die Zeit ist nahe«. – Ein Aufruf zur Wachsamkeit, zur ständigen Erwartung des Herrn, der herannaht, der da kommt, der ganz nahe ist.

Dieses wird noch begreiflicher, wenn man Offb 22,10 mit Dan 8,26 und 12,4–9 vergleicht, von woher Johannes die Anregung nimmt.

»Die Vision von den Abenden und den Morgen,
die offenbart wurde, ist wahr; doch du sollst
sie geheimhalten; denn sie bezieht sich auf eine
ferne Zeit.«

Johannes darf das Buch nicht »versiegeln«, weil die Zeit nahe ist, weil das Kommen des Herrn Jesus Christus ständig erwartet werden muß.

Daniel hingegen erhält Schweigegebot, weil der Zeitpunkt noch lange nicht erreicht ist.

»Du, Daniel, halte diese Worte geheim, und
versiegele das Buch bis zur Zeit des Endes«
(Dan 12,4).

Mit Johannes kam die Zeit der öffentlichen Verkündigung, weil Christus gekommen ist und weil er die Hülle entfernt hat (vgl. 2 Kor 3,14–18).

Es wäre vermessen, wenn man für sich in Anspruch nehmen würde, alles zu verstehen und im Alles-Verstehen allein zu

---

[1] In der Anmerkung interpretiert die französische ökumenische Bibelübersetzung (TOB) hier den Literalsinn:
halte nicht geheim.

sein. Ein ernsthafter Deuter der Apokalypse kann das Werk nur mit Demut und Klugheit erörtern, immer dabei bedenkend, daß niemand all die Geheimnisse dieser Schrift erkannt hat.

Im Laufe der Kirchengeschichte kannten bereits zahlreiche Erleuchtungsbewegungen den Zeitpunkt, den sie in einer schlecht verstandenen Offenbarung bestätigt glaubten. Es ist, wie schon erwähnt, ein »gefährliches« Buch in einem gewissen Sinne!

Ein Hirtenschreiben für gestern und heute

Dieses Buch ist die Botschaft eines Seelenhirten, ein Brief an die Gemeinden aus einer konkreten Situation heraus, der einer deutlichen pastoralen Zielsetzung entspricht. Eine reine Theologie der Geschichte, wie mancher vorschnell sagen möchte, ist die Apokalypse nicht.

Die Apokalypse ist aber auch nicht etwa die eigene Zuversicht eines großen Sehers, der seine Visionen mitteilt. Es ist die Botschaft, die ein Kirchenoberhaupt an die Gemeinden richtet, die konkret engagiert in einer bestimmten Situation leben, in einer kritischen Situation, in einer Zeit der Verfolgung.

Der briefliche und pastorale Charakter der Apokalypse kommt bereits in der Einleitung des Buches mit dem Beginn der ersten Zeilen zum Vorschein.

Johannes an die sieben Gemeinden in der Provinz
Asien:
Gnade sei mit euch und Friede von ihm, der ist
und der war und der kommt, und von den sieben
Geistern vor seinem Thron und von Jesus Christus,
er ist der treue Zeuge (1,4).

Hierbei handelt es sich um eine Briefeinleitung, sehr ähnlich den Einleitungen des Paulus in seinen Episteln. Johannes schreibt als Kirchenoberhaupt an die Seinen, ein Bruder trägt auf seinen Schultern die Last der gemeinsamen Verfolgung:

Ich, euer Bruder Johannes, der wie ihr bedrängt

ist, der mit euch an der Königsherrschaft teilhat
und mit euch in Jesus standhaft ausharrt, ich war
auf der Insel Patmos um des Wortes Gottes willen und
des Zeugnisses für Jesus. Ich wurde vom Geist
ergriffen ... (1,9).

Der Beginn der Apokalypse ist der eines Briefes und nicht
der eines abstrakten Buches oder einer rein theoretischen
Schrift. Es ist Anfang eines Briefes, und zwar eines äußerst
konkreten Briefes. Der Schreiber nennt seinen Namen, er
nennt die Gemeinden, wendet sich an sie als Oberhaupt und
als Bruder. Dieselbe Überlegung gilt für die Schlußformel
der Apokalypse: Die Gnade des Herrn Jesus ... (22,21). Jedes Schreiben im Briefstil endet mit einem Wunsch, hier mit
dem großen christlichen Wunsch: Gnade!

Der Verfasser der Apokalypse ist ein Hirt, der an eine Gruppe von Gemeinden aus einer bestimmten Verfolgungssituation
schreibt. Domitian schien gegen Ende seiner Regierungszeit
eine neue Haltung gegenüber den Religionen einnehmen zu
wollen. Der Kaiser wollte sich zum alleinigen Herrn und Gott
erheben.

Das erklärt eine Reihe von Akklamationen der Apokalypse:
Einzig das Lamm und der auf dem Thron sitzt, ist würdig,
»unser Herr und unser Gott« genannt zu werden. Diese Na-
mensgebung unterstreicht, daß es in der Apokalypse um ein
Zusammenstoßen mit dem Imperium geht. Die Anrede »Dominus et Deus noster« wurde verbindlich. Berichten zufolge
thronte Domitian, bekleidet mit purpurner Toga, auf dem
Kopf eine goldene Krone, welche die Götterbildnisse des Ca-
pitols, begleitet von Opferpriestern des Jupiter und der flavi-
schen Priesterschule, zeigte. Alle waren bekleidet wie er, ihre
Kronen trugen sein eigenes Bild. Domitian rief sich aus als
»Sohn der Minerva«; er ließ sich verehren als »Genitor deo-
rum« (Vater aller Götter). Seine Dekrete wurden mit den
Worten eingeleitet:
»Unser Herr und unser Gott befiehlt, daß dies geschehen
soll.« Dieser Ausspruch des Kaisers wurde zu einer echten

Bedrohung der Kirche. Konnten Christen sich solchen Ansprüchen beugen? Wirklich die Göttlichkeit des Staates anerkennen? Was tatsächlich von den Christen gefordert wurde, war, über die Person des Kaisers, der Staatskult. In der Politik des Kaisers »Herr und Gott« hatte Johannes bald einen von Grund auf antichristlichen Gedanken erkannt. Damals gab es Verfolgungen. In einem der sieben Briefe der Apokalypse geht es um einen Märtyrer: Antipas, getötet um seines Glaubens willen. Es scheint ein örtliches Ereignis gewesen zu sein. Es gab auch die Ingangsetzung der Verfolgung unter Nero nach dem Brand von Rom. Noch waren dies nur vereinzelte Machtkundgebungen. Mit Domitian und seiner Absicht, im ganzen Reich den Kaiserkult und darüber hinaus den Staatskult einzuführen, wurde die Verfolgung gesetzlich verankert und wurde allgemein.

Um sich dieser für die Kirche gefährlichen Situation zu stellen, hat Johannes die Apokalypse geschrieben. Er erkannte die Gefahr und schrieb an die Gemeinden, um die Bedrohung, das Ausmaß, den Sinn, die Schwere des beginnenden Kampfes beim Namen zu nennen.

Er schreibt ihnen, um sie zu rüsten, am Vorabend eines sehr harten Ringens, aber auch um sie zu stärken, indem er ihnen den Sieg des Lammes enthüllt, den Sieg Christi, den triumphalen und glorreichen Ausgang dieses Kampfes.

In dieser schweren Situation war eine Botschaft in pastoraler Klarheit, Glauben und Mut dringend erforderlich. Die Botschaft eines Sehers, vor dem sich die Zukunft öffnet, die Botschaft des inspirierten Apostels, welcher der Kirche ihre Bestimmung von Leid und Glorie verkündet, die Botschaft eines Kirchenführers, der die Christen vor der Verführung des »Tieres« warnen will, vor den Einflüssen des Bösen. Um die Apokalypse richtig zu lesen und zu deuten, muß man sich in die tatsächlich gegebene Lage zurückversetzen; Einsatz und Lösungen werden ausgedrückt in Worten von Vertrauen und Opfer.

Die Apokalypse spricht zwar Probleme eines bestimmten

Zeitabschnitts an, mit ihren symbolischen Zahlen, Bildern und Szenen will sie aber die Leser im Vertrauen auf Gottes endzeitlichen Sieg zum Ausharren ermahnen und trösten.

Die Apokalypse ist ein Buch für Krisenzeiten, Zeiten des Umbruchs. Solche Zeiten der Unausgewogenheit sind besonders günstig für die Lektüre der Apokalypse. Vielleicht auch eine Zeit, in der die Kirche ihr in besonderer Weise begegnet?

Die Apokalypse: Eine Prophetie

Eine weitere Auskunft über das Werk gibt uns der Verfasser der Apokalypse selbst: Es handelt sich um eine Prophetie. Als eine solche bezeichnet er sie selbst mehrfach, namentlich am Anfang und Schluß seiner Botschaft:

Selig, wer diese prophetischen Worte vorliest und
wer sie hört (1,3).

Johannes sagt es dann noch einmal an Stelle eines Nachworts:

Diese Worte sind zuverlässig und wahr.
Gott, der Herr über den Geist der Propheten, hat
seinen Engel gesandt, um seinen Knechten zu zeigen,
was bald geschehen muß. Siehe, ich komme bald.
Selig, wer an den prophetischen Worten dieses Buches
festhält (22, 6–7).

Besser noch gibt der Verfasser zwischen diesen Einführungs- und Schlußworten an mehreren Stellen deutlich zu verstehen, daß es sich tatsächlich um eine Prophetie handelt:

Versiegele dieses Buch mit seinen prophetischen
Worten nicht (22,10).
Ich bezeuge jedem, der die prophetischen Worte dieses
Buches hört: Wer etwas hinzufügt, dem wird Gott die
Plagen zufügen, von denen in diesem Buch geschrieben
steht. Und wer etwas wegnimmt von den prophetischen
Worten dieses Buches, dem wird Gott seinen Anteil am
Baum des Lebens ... wegnehmen ... (22, 18–19).

Wie sollte die Stelle unerwähnt bleiben, wo Johannes wie Ezechiel nach der Aufforderung, ein genüßliches aber gallenbitteres Buch zu verschlingen (was einige Autoren ausdrücklich »Einsetzung als Prophet« nennen) die Worte hört:

Du mußt noch einmal weissagen über viele Völker und Nationen mit ihren Sprachen und Königen (10,11).

Zu einem von Gott vorherbestimmten Zeitpunkt der Kirchengeschichte wird Johannes als neuer Prophet mit einer wahrhaften Prophetensendung betraut. Ebenso verkündet der kosmische Engel (der zum Zeichen seiner Herrschaft über den ganzen Kosmos mit einem Fuß auf der Erde steht und mit dem anderen auf dem Meer) diese bedeutungsvollen Worte:

In den Tagen, wenn der siebte Engel seine Stimme erhebt und seine Posaune bläst, wird auch das Geheimnis Gottes vollendet sein; so hatte er es seinen Knechten, den Propheten, verkündet (10, 7).

Klarer kann man es nicht sagen, daß die Apokalypse die Mission der Propheten weiterführt und vollendet. Johannes will sich in eine Reihe mit dem Alten Testament begeben. Diesem Grundgedanken muß man Rechnung tragen, weil er von Johannes selbst kommt. Wie die Propheten des Alten Testaments muß er verkündigen, was Gott spricht. Er muß, und die ganze Kirche mit ihm, die neue Frohbotschaft verkündigen:

Er hatte den Bewohnern der Erde ein ewiges Evangelium zu verkünden, allen Nationen, Stämmen, Sprachen und Völkern (14, 6).

Die Prophetie, in Israel vor der Ankunft Christi ausgestorben, erwachte bei seiner Ankunft zu neuem Leben. Lukas zeigt dieses prophetische Wiedererwachen gleich zu Beginn seines Evangeliums:

»Zacharias wurde vom Heiligen Geist erfüllt und begann prophetisch zu reden« (1, 67).

Den gleichen Ausdruck benutzt Lukas in 2, 36. Ohne jeden Zweifel erlebt die Prophetengabe mit Pfingsten eine neue und machtvolle Blüte: Die Weissagung des Joel wird Wirklichkeit. Petrus sagt es klar in seiner Pfingstpredigt (Apg 2, 17). Die paulinischen Briefe bezeugen ausführlich diese Erneuerung der Prophetie. Die Urkirche war reich an »Propheten«. Oft ist die Rede von den »Heiligen und Propheten«. Paulus (Eph 4, 11–12) sagt, daß Christus, aufgestiegen zum höchsten Himmel, den einen das Apostelamt gab, »andere setzte er als Propheten ein, andere als Evangelisten, andere als Hirten und Lehrer . . . für den Aufbau des Leibes Christi«. Was die zwölf durch den Herrn erwählten Apostel betrifft, besaßen sie die Prophetengabe in hohem Grade. Petrus und Paulus prüfen die Herzen, verkünden das Wort mit Entschiedenheit und sagen das Zukünftige voraus. Paulus schreibt vom Geheimnis Christi: »Den Menschen früherer Generationen war es nicht bekannt; jetzt aber ist es seinen heiligen Aposteln und Propheten durch seinen Geist offenbart worden (Eph 3, 4–5). Solche Kenntnis kommt zustande durch Erleuchtung des Herzens und oft durch Traumgesichte oder Visionen.

Paulus schreibt: »Ich kenne jemand, einen Diener Christi, der vor vierzehn Jahren bis in den dritten Himmel entrückt wurde; ich weiß allerdings nicht, ob es mit dem Leib oder ohne den Leib geschah; nur Gott weiß es. Und ich weiß, daß dieser Mensch in das Paradies entrückt wurde; ob es mit dem Leib oder ohne den Leib geschah, weiß ich nicht; nur Gott weiß es. Er hörte unsagbare Worte, die ein Mensch nicht aussprechen kann« (2 Kor 12, 2–4).

Die Apokalypse liegt ganz auf der Linie der Erneuerung der Prophetie im Neuen Testament, sie ist jedoch, und das ist das Besondere der Apokalypse, das einzige Buch des Neuen Testaments, das sich wörtlich als Prophetie ausgibt. Sie ist fürwahr »die Prophetie« im Gesamt des Neuen Testaments. Der Verfasser sagt es ausdrücklich am Ende seiner Visionen:

Ich, Johannes, habe dies gehört und gesehen. Als ich es hörte und sah, fiel ich dem Engel, der mir dies gezeigt hatte, zu Füßen, um ihn anzubeten. Da sagte er zu mir: Tu das nicht! Ich bin nur ein Knecht wie du und deine Brüder, die Propheten, und wie alle, die sich an die Worte dieses Buches halten. Gott bete an! (22, 8–9).

»Du und deine Brüder, die Propheten!« Diese Wendung ist bezeichnend: Johannes gehört zu den Propheten des Neuen Testaments, und er ist unbestritten ihr Bedeutendster!

Die Apokalypse: Eine Apokalypse
Diese Prophetie ist indessen mit einer ganz besonderen Tradition verbunden, deren Kenntnis unverzichtbar ist für ein ernsthaftes Lesen der Apokalypse. Sie ist nicht nur verbunden mit der Linie der Propheten, sondern ist auch eng verknüpft mit der apokalyptischen Tradition.

Die apokalyptische Art des Schreibens ist entstanden im 2. Jahrhundert vor Christus, und wie es scheint, als Keimling der prophetischen Ausdrucksweise. Einige ihrer Züge sieht man bereits bei den Propheten. Zum Beispiel bei Ezechiel, Joel und vor allem Daniel, der wie Johannes zugleich Prophet und Apokalyptiker ist.

Vom 2. Jahrhundert vor Christus bis zum 2. Jahrhundert nach Christus entsteht die eigentliche apokalyptische Literatur, oft apokryph, Ausdruck einer ganzen Strömung und seelischer Not im Schoß des Judaismus.

Die apokalyptische Literatur ist eine Literatur zur Zeit der Prüfung des Volkes Gottes. Dem in Trübsal versunkenen auserwählten Volk sollte diese Literatur neue Kraft geben durch ein Aufdecken (apokalyptein bedeutet wörtlich entschleiern), ein Enthüllen des Planes Gottes, und ihm dadurch die Gewißheit geben, daß trotz schrecklicher Plagen und Katastrophen die Herrschaft der Mächte des Bösen zu Ende geht. Die Mächte des Bösen werden der kommenden Welt weichen, einer himmlischen Welt, die von oben kommt, erleuchtet von Gottes Herrlichkeit.

Die Geburt der apokalyptischen Literatur steht im Zusammenhang mit der großen Verfolgung unter Antiochus Epiphanes, König von Syrien, der mit Gewalt im jüdischen Volk zu Jerusalem griechische Bräuche und sogar die griechische Religion einführen wollte.

Charakteristisch für die Apokalypsen ist ihre allumfassende

Sicht; sie haben auf dem Hintergrund der Weltgeschichte die Geschichte des Gottesvolkes im Blick, auf ein Weltende hin.

Ein weiterer Aspekt der apokalyptischen Literatur besteht darin, daß die Weltgeschichte in dualistischer Zukunftserwartung betrachtet wird, als das Schauspiel des Kampfes der satanischen Mächte gegen den allmächtigen Gott, der am Ende siegt.

In der apokalyptischen Literatur hat die Vision großen Anteil. Oftmals zeigt sich die Enthüllung der Zukunft, die die Apokalypsen geben, um das Gottesvolk wieder stark zu machen, in Form einer Schau von kosmischem Ausmaß. Der Seher wird im Traum oder in Ekstase an einen unbekannten Ort getragen, in den Himmel entrückt: vor ihm hebt sich der Vorhang, der sonst für die Menschen die höheren und niederen Wirklichkeiten verdeckt. Der Seher hört geheimnisvolle Worte, er betrachtet die Herrlichkeiten der Welt von oben her, er erhält Kenntnis der Geheimnisse Gottes. Es ist eine Art Entschleierung des Kosmos, um der Gemeinde wieder Mut zu machen.

Die apokalyptischen Schriften gebrauchen gern das Pseudonym. Um ihrer Botschaft mehr Gewicht zu verleihen, schmücken sich die Verfasser der Apokalypsen oft mit berühmten Namen der Vergangenheit und schreiben ihre großen kosmischen Visionen einem Patriarchen zu oder einem Propheten: Abraham, Mose, Jesaja, Esra.

Um die Autorität seiner Botschaft zu bekräftigen, gibt der Verfasser einer Apokalypse seinem Werk den Titel: »Apokalypse Abrahams«, »Apokalypse des Esra«, oder »Himmelfahrt des Jesaja«.

In den Apokalypsen begegnet man häufig einem anderen literarischen Brauch: die Vision vorzudatieren. Diese Fiktion beabsichtigt, den die Gegenwart oder Zukunft betreffenden Weissagungen noch mehr Gewicht zu geben. Einen Rückgriff auf diese Methode vermuten einige bei Johannes, wenn er seine Vision vordatiert. Wenn Johannes das Gericht über die »große Hure« beschreibt, dann schreibt er unter Domitian, aber so, als ob er unter der Regierung des Vespasian geschrieben hätte.

Hier braucht man Verstand und Kenntnis. Die sieben Köpfe bedeuten die sieben Berge, auf denen die Frau sitzt (= die sieben Hügel von Rom).

Sie bedeuten auch sieben Könige, fünf sind bereits gefallen. Einer ist jetzt da (das wäre Vespasian), einer ist noch nicht gekommen (das wäre Domitian) (17, 9–10).

Schließlich hat die apokalyptische Literatur eine ganz symbolische Sprechweise, die schon in der prophetischen Literatur benutzt wurde, wieder aufgenommen und gelegentlich erweitert. Farben; Sterne; verschiedene Materialien: kostbare Steine; gewöhnliche oder phantastische Tiere, Monstren; Körperteile: Köpfe, Augen, Beine, Haare; Kleider . . . Der Gebrauch dieser reichen und mannigfaltigen symbolischen Sprechweise hat seine eigenen Gesetze, seine Regeln, die man kennen muß. Die Anhäufung, das Annähernd-Stimmen, das Fehlen von Zusammenhang kann den Leser heute zum Lächeln bringen: »Sie haben ihre Gewänder gewaschen und im Blut des Lammes weiß gemacht« (7, 14).

Johannes hat von dieser Symbolsprache reichlich Gebrauch gemacht, was ein ganzes Studium verdiente. Hier dürften einige Schlüssel genügen.

Die Farben zum Beispiel sind eindeutige Zeichen:

Weiß: Diese Farbe kehrt sehr oft in der Apokalypse wieder. Sie ist Symbol der Göttlichkeit, zugleich der Freude, des Sieges. Sie ist auch die himmlische Farbe.

Schwarz ist Todessymbol.

Feuerrot ist Symbol für Luxus und Großartigkeit.

Im Kapitel 17 wird die Hure Babylon–Rom beschrieben als eine Frau auf einem scharlachroten Tier, bedeckt mit gotteslästerlichen Namen.

Die Krone ist zu unterscheiden vom Diadem. Die Krone ist wie die Palme Siegessymbol, während das Diadem Symbol der Souveränität und Königsherrschaft ist. Der Drache und Christus tragen beide ein Diadem, während der christliche Sieger die Krone tragen wird; er wird eine goldene Krone empfangen.

Die Augen symbolisieren die Erkenntnis oder die Erleuchtung durch die Erkenntnis. Vom Lamm wird gesagt: Es hat sieben Augen (5,6). Es trägt in sich die Fülle der Erleuchtung, weil es sieht und weil es erklärt. Ebenso die vier Lebewesen rings um den göttlichen Thron: sie sind voller Augen, vorn und hinten (4,6).

Die Hörner sind ein Symbol, das oft wiederkehrt. Es bezeichnet die Macht. Das Lamm trägt deren sieben.

Die Zahlen haben ebenfalls eine genaue Bedeutung: Die Zahl vier bezeichnet die geschaffene Welt, die vier Angelpunkte, die vier Erdteile . . . Sieben bezeichnet die Fülle, die Ganzheit.

Die Briefe an die sieben Gemeinden besagen, daß Johannes an die ganze Kirche schreibt, indem er sich an sieben konkrete Gemeinden wendet.

Zehn meint eine kleine Größe, die zwar nicht vernachlässigt werden soll, aber nicht sehr beträchtlich ist.

Zwölf ist die Zahl des Gottesvolkes: die zwölf Stämme.

Tausend ist die Zahl der unbegrenzten Menge.

Die 144 000 (zwölfmal zwölfmal tausend) bedeuten, daß das Volk unübersehbar groß ist.

Es ist das Volk Gottes, 144, aber multipliziert mit Tausend, sozusagen das unendlich vergrößerte Gottesvolk, das zu seiner vollen Größe gelangt ist.

Johannes benutzt diese Ausdrucksweise mit unvergleichlicher Meisterschaft. Er stellt seine vollendete Kunstfertigkeit unter Beweis beim Gestalten machtvoller und harmonischer Gemälde unter Verwendung von an sich gewohnten Bildern und einander widersprechenden Elementen.

Seine Bilder voll Farbe und Lebendigkeit kann man sich wohl kaum sehr konkret vorstellen, sie besitzen indessen eine unvergleichliche Suggestionskraft.

Solches ist der Fall bei der ersten Vision des göttlichen Heiligtums (4), wo Johannes sieht, wie sich das Himmelstor öffnet und der Gottesthron sich erhebt, von dem er durch ein weites Meer getrennt ist, es ist die Vision, die der strahlenden und machtvollen Vision Gottes in seiner Glorie vorausgeht.

Genauso muß erwähnt werden die fremdartige und dramatische Vision der Frau in Geburtswehen (12) und ihr gegenüber der feuerrote Drache auf der Lauer, ihr Kind, sobald es zur Welt gekommen ist, zu verschlingen; und noch die Beschreibung des neuen Jerusalem, wie Feuer funkelnd von Edelsteinen (21).

Seine Meisterschaft im Reich der Symbolik rührt aus der theologischen und geistlichen Tiefe seiner Vision her. Der johanneische Symbolismus hat nichts an sich von der Kälte, dem gewöhnlichen Charakter und der falschen Geschwollenheit, die so oft die apokalyptischen Schriften kennzeichnet.

Der johanneische Symbolismus ist überströmend von Leben, die erste Überraschung wird überboten und das gelegentlich zusammenhanglose Bild auf einmal verlassen. An diese Sprache gewöhnt, gibt es sozusagen keinerlei Schwierigkeit zu sehen, wie das Lamm zum Hirten wird, wenn man weiß, daß das Lamm eine menschliche Figur ist und daß dieses Lamm Hirt ist und daß, alles gleichzeitig, dieser Hirt das Lamm ist.

Es hat keinen Sinn, sich dabei aufzuhalten, sagt ein Kommentator, die sieben Hörner auf dem Kopf des Lammes zu befestigen oder sich die sieben Köpfe des Drachen vorzustellen, was ja die plastische Wiedergabe der Apokalypse recht schwierig gemacht hat. Man sehe vielmehr das Lamm in seiner Souveränität und den Drachen in der ganzen Schrecklichkeit seiner magischen Macht.

Das sind also einige der Charakterzüge der apokalyptischen Literatur. Johannes schließt sich an diese Tradition an. Er bedient sich ihrer Methoden, ohne dabei ihr Sklave zu werden; er beherrscht sie, indem er ihr Blut spendet und neuen Atem, jenen der großen Propheten. Er steht in der apokalyptischen Tradition und zugleich in der prophetischen.

Wie man gern festgestellt hat, war die apokalyptische Literatur zum Teil eine Literatur der Phantasie und der Ausflüchte. Man suchte in phantastischen Visionen Trost für Leid und Elend der gegenwärtigen Lage. Bei Johannes ist das Gegenteil richtig, er bleibt in der Wirklichkeit. Im Gegensatz zu den oft fieberhaften und verletzenden Apokalypsen ist die Offenbarung des Johannes vom Atem göttlicher Liebe durchdrungen. Vom Anfang bis zum Ende wird der Leser eingeladen zu geistlicher Bemühung um Bekehrung und Tapferkeit.

Die Apokalypse: Das »Finale der biblischen Symphonie«
Wenn sich Johannes in der Apokalypse an die prophetische und an die apokalyptische Tradition anschließt, tut er es als einer, der in Sprache und Thematik der ganzen Bibel verpflichtet ist. Die Denkstruktur, die Grundform der johanneischen Vision ist von der biblischen Tradition in ihrer Ganzheit hergenommen. Wie die Apokalypse den Abschluß der Bibel bildet, ist sie in ihrem Wesen das Finale, welches alle Themen noch einmal zusammenfaßt, all die Bilder, all die großen Offenbarungen. Eine Einführung in das Bibellesen könnte mit der Lektüre der Apokalypse beginnen.
Schließlich muß man von jetzt an darauf hinweisen, daß dieses letzte Buch des Neuen Testaments sich anschließt an die liturgische Tradition. Wie weiter oben gesagt wurde, ist die Apokalypse ein Brief an die Gemeinden, dazu bestimmt, in der liturgischen Versammlung vorgelesen zu werden. Sie berichtet von einer Offenbarung, die Johannes »am Tag des Herrn« empfangen hat, das heißt an einem Sonntag:

Am Tag des Herrn wurde ich vom Geist ergriffen und hörte hinter mir eine Stimme, laut wie eine Posaune... (1,10).

Warum hätte Johannes gerade die Tatsache, daß diese Offenbarung »am Tag des Herrn« stattfand, so genau notiert, wenn nicht um zu unterstreichen, daß er sich in Gemeinschaft mit der Gottesdienstfeier der Gemeinden von Asien befand?

Was wäre die Apokalypse, schreibt ein Autor, wenn nicht die herrliche Erleuchtung des Sehers von Patmos in seinem Kult am Sonntagmorgen? Die Tatsache, daß die Apokalypse ein liturgisches Buch sein soll, ist so offenkundig, daß wir diesem Aspekt ein ganzes Kapitel widmen werden.

Die Apokalypse ist ebenso ein Zeugnis bemerkenswerter persönlicher religiöser Erfahrung. Es wäre ganz gewiß ein Irrtum, in den von Johannes berichteten Visionen bloß eine literarische Methode zu sehen. Schon im Alten Testament enthalten Apokalypsen wie jene des Jesaja, Ezechiel, Daniel Zeugnisse für die Gabe göttlicher Ekstase und Vision. Gleichermaßen verhält es sich im Neuen Testament. Die Apostelgeschichte zeigt Stephanus vor dem Hohen Rat, wie er den Menschensohn im Himmel, der sich vor seinen Augen öffnet, zur Rechten Gottes stehen sieht.

Paulus erklärt, er sei im Geist entrückt worden, zum Himmel emporgehoben, wo er unsagbare Worte vernahm, die ein Mensch nicht aussprechen kann. Warum diese Möglichkeit im Falle der Johannesapokalypse ausschließen? Es wäre Verarmung dieses Werkes, wollte man die Gesamtheit der Visionen auf eine simple Montage zurückführen.

Man muß die Formulierungen ernst nehmen: Ich sah . . ., ich wurde vom Geist ergriffen . . ., ich wurde weggetragen . . ., ich hörte Worte . . . Der Charakter abgrundtiefer Lauterkeit, die brennende und mitteilsame Gemütsbewegung, die das ganze Buch erfüllt und erhebt, machen die Unterstellung sehr unwahrscheinlich, es gäbe hier nur eine Schreibtischarbeit, dazu bestimmt, die Erwägungen, die Vorausschau, die der Heilige Geist dem Johannes eingab, in eine dramatischere Form zu bringen.

Die Apokalypse spiegelt eine wirkliche Erfahrung. Johannes hat auf Patmos in der Fülle mystischer Erfahrung gelebt.

Aber wie erklärt sich dann im Werk des Johannes das Vorhandensein einer solchen Menge traditioneller biblischer und apokalyptischer Elemente, so viele Charakterzüge, die ihr mit Jesaja, Ezechiel und vielen anderen gemeinsam sind?

Johannes kennt die Bibel so gut, daß er von ihr geformt und bis auf den Grund seiner Seele durchdrungen ist. Die Gabe der Vision fügt sich ein in den bereits gewohnten Gang seiner Gedanken. Gott projizierte ein neues und strahlendes Licht auf die Kenntnis, die Johannes vom Alten Testament hatte. Die alte Vision steuert ihr Gestaltungsmuster bei als Entwurf für die christliche Vision, und die christliche Vision vollendet die alte Prophetie.

Zudem darf man sehr wohl vermuten, daß Johannes sich beim Aufschreiben anstrengen mußte, um das auszudrükken, was er innerlich verstanden, gesehen und gehört hatte. Nicht auszuschließen ist, daß Johannes sich bemüht hat, seine verschiedenen Visionen, die gehabten Erleuchtungen untereinander in Verbindung zu bringen, um ein Gesamtwerk zu verfassen. Dabei bediente er sich des Alten Testaments, das Gott ihm durch neues Licht ganz neu zu verstehen gab.

Cerfaux schlägt sogar die folgende Lösung vor: »Vielleicht ist der Mechanismus der Vision noch einfacher. Es scheint, daß der Prophet im Alten Testament liest und daß beim Lesen sich Bilder vom Text her abheben und zu Visionen werden. Die ägyptischen Plagen des Mose, die Prophezeihung des Joel über die Heuschrecken, Abschnitte aus dem Buch der Weisheit liefern bildhafte Beschreibungen, von Gott inspirierte anschauliche Darstellungen viel eher als Visionen im eigentlichen Sinn.«

Der Gedanke scheint keineswegs unwahrscheinlich, daß der Verbannte von Patmos mit Intensität seine Bibel gelesen und meditiert hat auf der Suche nach Licht über die gegenwärtige Lage der Kirche, und daß die Gnade übernatürlicher Visionen ganz normal in eine solche Lektüre einfließen und ihr neue Tiefe und Aktualität geben konnte. Die persönliche Meditation des Alten Testaments erhielt mit der Gnade der Einsicht eine neue Qualität.

Die Vision des Johannes setzt in neuem Licht die Prophetien der biblischen Propheten fort ... Ganz bewußt blickt Johannes in die Richtung der Propheten, jedoch weiter und mit mehr Licht: Er sieht die wahre Anwendung ihrer Texte. Darum macht er von ihnen in solcher Freiheit Gebrauch.

Es wäre interessant, die Weise zu studieren, wie Johannes das Alte Testament benutzt. Seine Apokalypse tut dies oftmals nach der Methode der »Überlagerung«. Über ein prophetisches Bild legt sich eine ganze Serie weiterer Bilder. Zum Beispiel überlagert die Vision des neuen Jerusalem den Bericht der Genesis, der Schöpfungsbericht den Text des Ezechiel.

Deutungssysteme der Apokalypse

Die Hauptschwierigkeit bei der Deutung bereitet zunächst nicht die Entzifferung der Symbole und der Sprechweise. Gewiß, es bleiben Dunkelheiten in diesem Bereich: Was bedeutet der erste der vier apokalyptischen Reiter? Für die einen ist der Reiter auf dem weißen Pferd der Antichrist; für die anderen ist es Christus; für wieder andere das Wort Gottes; für eine weitere Gruppe ist es Gott selbst. Wer wäre imstande, mit Sicherheit die geheimnisvolle Zahl des Tieres zu erklären: 666? Zumal dieses Rätsel noch zusätzlich von einer textkritischen Schwierigkeit verdunkelt wird, da einige vermuten, daß die Zahl gar nicht 666 lauten soll, sondern 616. Was besagen die tausend Jahre, in denen die Diener Gottes mit Christus regieren werden? Es bleiben Unklarheiten auf dem Gebiet der Symbole, eine Anzahl Schlüssel werden jedoch vorgeschlagen.

Die Hauptschwierigkeit bei der Deutung der Apokalypse steckt anderswo. Wie soll man exakt festlegen, welche Rangordnung den verschiedenen Ebenen im Verhältnis zueinander zukommt, auf denen die Vision des Johannes angelegt ist? Die Vision der Apokalypse kann nämlich unterschiedlichen Ebenen zugeordnet werden: Historische Ebene, prophetische Ebene, endzeitliche Ebene, um nur die drei wichtigsten zu nennen, oder anders gesagt: Die Zeitgeschichte des inspirierten Verfassers, die Prophetie bezüglich der folgenden Jahrhunderte, die Weissagung über das Ende der Welt.

Als Pastoralbrief bezieht sich die Offenbarung auf eine konkrete geschichtliche Situation, die sie aufhellen will. Als Prophetie enthüllt sie den künftigen Geschichtsablauf. Als Apokalypse richtet sie den Blick auf das Ende der Welt.

Die Deutungssysteme unterscheiden sich je nach dem, welcher dieser drei Aspekte vorrangig betont wird: Zeitgeschichte des Johannes, Ablauf der Kirchengeschichte in Zukunft, Ende der Welt.

Voraussage der Kirchengeschichte

Das Deutungssystem, das in der Offenbarung vor allem eine Weissagung über die Geschichte der Kirche sieht und damit der Weltgeschichte überhaupt, hat als genialsten Vertreter und eigentlichen Schöpfer im 12. Jahrhundert Joachim von Fiore. P. Henri de Lubac hat in seinem großen Buch über die mittelalterliche Exegese das Werk dieses Autors eingeordnet und erklärt.

Nach Joachim von Fiore beschreibt die Apokalypse in acht Visionen die Zeitalter der Kirchengeschichte, Joachim sieht sich selbst im fünften Zeitalter.

Gleich nach dem sechsten Zeitalter wird der Teufel zu einem großen Sturmangriff ansetzen; dann wird der erste Antichrist erscheinen, in der Apokalypse als der siebte König bezeichnet (Offb 17) oder als das siebte Haupt des Drachen. Dieser Antichrist wird besiegt werden, der Teufel wird für eine Zeit die Macht verlieren, die Kirche zu verfolgen, das ist das tausendjährige Reich.

Dann wird der Drache gestürzt und in der Hölle angekettet,

seine Köpfe sind sämtlich abgeschlagen. Zu diesem Zeitpunkt wird eine Ära der Ruhe beginnen, eingeleitet durch die Bekehrung der Juden und zahlreicher Heiden, und unter der Herrschaft des Geistes wird das Menschengeschlecht einen beschaulichen Frieden erleben, in Erwartung der äußersten Prüfung in Gestalt des zweiten Antichrist. Joachim von Fiore erblickte den Antichrist im Papsttum und erwartete für das Jahr 1260 das Kommen des dritten Reiches: Die Zeit des Heiligen Geistes. Dies ist eine Deutung der Apokalypse als genaue Vorhersage der verschiedenen Abschnitte der Kirchengeschichte. Diese Deutung beruht auf einem äußerst fragwürdigen historisierenden Prinzip. Schlimm, daß Joachim von Fiore eine sehr zahlreiche exegetische Gefolgschaft hatte, was die Apokalypse betrifft. Henri de Lubac widmet ein ganzes Kapitel seines Buches dem, was er »die joachimitische Sukzession« nennt, mit all ihren Abwegigkeiten, denen diese Schule Raum gab. Unter ihnen Nicolas von Lyra, dessen Deutung ebenfalls buchstäblich und historisierend vorgeht. Man braucht nicht in Einzelheiten zu gehen, sollte jedoch festhalten, daß diese Art der Deutung weitergegangen ist und immer weitergeht.

All denen, die heute eine derartige Deutung vorschlagen, muß man antworten, daß es zu allen Zeiten Leute gab, die in der Apokalypse eine genaue Ankündigung jeweils des Abschnitts der Geschichte finden, in dem sie leben.

Hat man nicht zum Beispiel die Ankündigung des Mohammed entdeckt? Sah nicht die Reformation im Papsttum das große Babylon? Trug nicht Napoleon das Gesicht des Antichrist? Hitler hätte gleichfalls Recht, sich mit diesem Titel belohnt zu sehen!

Luther sah in den Heuschrecken des Kapitels 9 die Arianer und in den drei Fröschen des Kapitels 16 seine drei Feinde: Faber, Eck und Emser.

Sieht man nicht heute in der Apokalypse die exakte Ankündigung der Atombombe?

Wenn man diesen Hypothesen und ihren Festlegungen konsequent nachgeht, erkennt man ihre Brüchigkeit. Eine derartige Exegese wird heute in Gang gehalten durch die Zeugen Jehovas. Sie sehen die Stunde nahe für die große Schlacht des Harmagedon (16,16). Sie glauben in unserem Jahrhundert die Vorzeichen des bevorstehenden Endes zu erkennen.

Symbolische Beschreibung der Kirchengeschichte von der Menschwerdung bis zur Wiederkunft des Herrn

Auch ohne in die obengenannten Absonderlichkeiten zu verfallen, meinen ernsthafte Exegeten, man könne in der Apokalypse die Vorhersage der Kirchengeschichte in ihren großen Linien finden. In seinem sehr wertvollen Kommentar entdeckt P. Allo in der Apokalypse eine Beschreibung der großen Etappen der Kirchengeschichte von der Menschwerdung bis zur endlichen Vollendung durch das Jüngste Gericht am Tage der Wiederkunft Christi. Sein Schüler, P. Fèret, hat dieselbe These entwickelt: Johannes wollte uns in der Apokalypse nicht nur die großen Tatsachen und Umstände der Geschichte enthüllen, sondern uns auch unterrichten über den entwicklungshaften Ablauf dieser Geschichte.

Eine zweite Weise die Apokalypse zu interpretieren, beansprucht für sich die Entzifferung der symbolischen Beschreibung des Sturmangriffs, den die Kirche am Ende des ersten Jahrhunderts erleiden mußte, des Faktums der Verfolgung unter Domitian und des Faktums des Konflikts mit dem Judaismus. Alle Symbole werden gedeutet als Anspielungen auf Ereignisse, auf Fakten zur Zeit des Johannes.

Voraussage vom Ende der Welt

Einer dritten Weise zufolge wäre die Apokalypse schlicht und einfach eine Vorhersage über das Ende der Welt. Das ist die endzeitliche Schule. Nach Meinung der Anhänger dieses Systems enthält die Apokalypse keinerlei spezielle Weissagung, die die Geschichte zwischen der Zeit der römischen

Verfolgung und einer unbestimmten kommenden Zeit des Antichrist berührt. Sie verkündet einfach das Ende der gegenwärtigen Welt und die Ankunft des ewigen Gottesreiches.

»Trans-historisch« oder »supra-historisch«?

Jede dieser Interpretationen hat ihr Verdienst und ihren Teil Wahrheit. Die große Schwierigkeit der Deutung der Apokalypse besteht darin, eine möglichst streng historische Exegese mit einer geistlichen Auswertung der Prophetie zu vereinigen. Grundsätzlich ist die Apokalypse eine Projektion des Lichtes vom Ende der Welt, vom Gericht Gottes und vom Kommen des Reiches Gottes auf die Geschichte der damaligen Kirche.

Die Geschichte seiner Zeit wird von Johannes in solcher Tiefe begriffen, daß sie im voraus den ganzen Geschichtsablauf der künftigen christlichen Jahrhunderte erklärt. Das ist die wahre Prophetie. Die Prophetie ist nicht zu verstehen als vorweggenommene Sicht des Ablaufs der Geschichte, ordnungsgemäß in chronologischem Nacheinander, sondern als Lektüre der Ereignisse der Gegenwartsgeschichte in ihrer letzten Tiefe, im Licht des Jüngsten Gerichts.

Johannes wußte seit der ersten Verfolgung die Ankündigung einer zugleich leidvollen und glorreichen Zukunft für die Kirche Jesu zu unterscheiden. So hat sich die Kirche jedesmal, wenn sie unter Verfolgung zu leiden hatte, im Konflikt mit dem heidnischen Staat, in der Apokalypse wiedererkannt.

Sie wird in der Situation am Ende des 1. Jahrhunderts ihre eigene Situation von heute wiedererkennen. So gut, daß die Apokalypse prophetisch bleibt von Jahrhundert zu Jahrhundert. Sie hat alles vorausgesagt. Dank der Einsicht, die Johannes hierin besaß, erklären die Ereignisse, die zur Zeit des Domitian hereinbrachen, unsere Zeit und alle Zeiten, die noch folgen werden. Johannes hat gesehen, daß eine neue Zeit beginnt, die fortdauert bis zur Wiederkunft des Herrn . . . . »In einem transhistorischen oder suprahistorischen Schauen wurden Johannes durch den Heiligen Geist die geistlichen Krisen vergegenwärtigt, die die Kirche vor ihrer Verwandlung in das himmlische Jerusalem noch zu bestehen hat.«

Mit dieser Formulierung faßt P. Huby gut zusammen, was die Apokalypse ist.

Man darf allerdings in solch transhistorischer Schau keinen exakten Film künftiger Fakten sehen, kein Drehbuch, dessen Aufnahmen einzelne Ereignisse in chronologischer Abfolge wiedergeben.

Diese Bilder stellen verschiedene Aspekte derselben Kirche dar während ihrer ganzen irdischen zeitlichen Dauer. Die blutigen Verfolgungen, die Verführungen des Tieres, der Dienst der zwei Zeugen, die Kirche im Kampf mit dem Drachen, dann in die Wüste geflüchtet, all diese Bilder sind nur verschiedene Aspekte derselben Realität, die zu allen geschichtlichen Zeiten des Lebens der Kirche auf Erden passen.

Man muß sich davor hüten, ein Symbol für eine Beschreibung der konkreten historischen Realität zu halten. Die Apokalypse enthält spürbar werdend genaue historische Anspielungen, aber, getreu apokalyptischer Schreibweise, handeln solche Anspielungen immer nur von sekundären Einzelheiten. Das Wesentliche bleibt der allgemeine Wert der Symbole, die für alle Zeiten passen, anwendbar auf jede Epoche.

2. Kapitel
Eine Pastoralreise des auferstandenen Christus: Apokalypse 1–3

Die Einleitung der Apokalypse beginnt mit einer doppelten Huldigung an Christus (1,5).

Einer dreifachen Anrufung zu Ehren des Christus: »Der treue Zeuge, der Erstgeborene der Toten, der Herrscher über die Könige der Erde«, folgt eine dreifache Rühmung seines Werkes: »Er liebt uns und hat uns von unseren Sünden erlöst durch sein Blut; er hat uns zu Königen gemacht und zu Priestern . . .«

»Er liebt uns.« Im ganzen Neuen Testament gibt es keine ähnliche Formulierung. Zwar sagt der heilige Paulus wohl: »Ich lebe im Glauben an den Sohn Gottes, der mich geliebt hat . . .« (Gal 2,20) oder auch: »Liebt einander, weil auch Christus uns geliebt und sich für uns hingegeben hat«, aber nirgends sonst gibt es diese Gegenwartsform. Das Präsens ist das Beeindruckende: Christus »liebt« uns heute.

Das »Eingangslied« wird fortgesetzt durch »er hat uns erlöst (in der Vergangenheit) und hat uns zu Königen und Priestern gemacht«.

Schließlich wird die Einleitung mit dem Loblied beendet: »Siehe, er kommt . . ., und jedes Auge wird ihn sehen . . .; und alle Völker der Erde werden seinetwegen jammern und wehklagen« (1,7). Den Höhepunkt der Lobpreisung bildet das feierliche »Ja, amen«. Dann folgt eine dreifache Anrufung Gottes (1,8): »Ich bin das Alpha und das Omega«, das heißt der Anfang und das Ende von allem, derjenige, »der ist und der war und der sein wird«, das ist die Erklärung des göttlichen Namens, den Mose am Horeb erfahren hatte, und der »Allmächtige« (Pantokrator), griechische Übersetzung des hebräischen Wortes »Sabaoth« (Gott der Mächte), eine Formel, die im Laufe der Apokalypse mehrmals wiederkehren wird.

Die dreifache Anrufung zu Ehren Christi, die dreifache Rühmung seines Werkes, der dreifache eschatologische Lobgesang, im Zusammenspiel von Vergangenheit, Gegenwart und Zukunft, machen von neuem den Leser betroffen. Es handelt sich um »uns«, die »Heutigen«: Es geht um die Kirche Jesu Christi, die fleischgewordene, nicht um eine Kirche als Idealvorstellung.

Die Vision: Der Menschensohn Christus, Ursprung und Mittelpunkt der Kirche

Diese Szene der Vision des Menschensohnes gehört zur großen christozentrischen Sicht der Apokalypse und placiert sogleich Christus als Hauptgestalt. Er ist der leuchtende und dynamische Mittelpunkt.

Die Apokalypse ist in ihrer Gesamtheit ein Anbetungshymnus, gesungen zur Verherrlichung des geopferten Lammes. Seine Gestalt tritt mit außerordentlicher Deutlichkeit hervor, und überhaupt vermittelt wohl kaum ein anderes Buch einen solchen Eindruck vom auferstandenen, gegenwärtigen, lebendigen Christus, in der Kirche wirkend und unterwegs in der Kirche von heute. Ein sieghafter Glaube an Christus, der über die Welt triumphiert, das ist es, was die Apokalypse vermitteln will.

Die Apokalypse ist die Offenbarung Jesu Christi (1,1).

So lautet das erste Wort der Apokalypse: Apokalypsis Jesou Christou. Ist Jesus Autor oder Gegenstand der Offenbarung? Die Exegeten streiten darüber. Es scheint, daß beide Deutungen richtig sind; Christus ist die Quelle der Apokalypse, und er ist zugleich ihr Gegenstand.

Die Vision des Menschensohnes ist die erste ausdrückliche Selbstdarstellung Christi in der Apokalypse.

Ich, euer Bruder Johannes, der wie ihr bedrängt ist, der mit euch an der Königsherrschaft teilhat und mit euch in Jesus standhaft ausharrt, ich war auf der Insel Patmos um des Wortes Gottes willen und des Zeugnisses für Jesus. Am Tag des Herrn wurde ich vom Geist ergriffen und hörte hinter mir eine Stimme, laut wie eine Posaune. Sie sprach: Schreib das, was du siehst, in ein Buch, und schick es an die sieben Gemeinden: nach ... Da wandte ich mich um, weil ich sehen wollte, wer zu mir sprach. Als ich mich umwandte, sah ich sieben goldene Leuchter und mitten unter den Leuchtern einen, der wie ein Mensch aussah; er war bekleidet mit einem Gewand, das bis auf die Füße reichte, und um die Brust trug er einen Gürtel aus Gold. Sein Haupt und seine Haare waren weiß wie weiße Wolle, leuchtend weiß wie Schnee, und seine Augen wie Feuerflammen; seine Beine glänzten wie Golderz, das im Schmelzofen glüht, und seine Stimme war wie das Rauschen von Wassermassen. In seiner Rechten hielt er sieben Sterne, und aus seinem Mund kam ein scharfes, zweischneidiges Schwert, und sein Gesicht leuchtete wie die machtvoll strahlende Sonne (1,9–16).

Die Vision beginnt mit einer hörbaren Erscheinung: Johannes hört eine Stimme hinter sich. Diese Tatsache findet sich in der Apokalypse mehrfach wieder. Der Seher hört, bevor er sieht, was seine Aufmerksamkeit wachruft.

»Ich wurde vom Geist ergriffen und hörte hinter mir eine machtvolle Stimme«. Ergriffen von der Ekstase und auf das Ertönen der Stimme hin wendet sich Johannes um und sieht da sieben goldene Leuchter. Alles ist lauter Bewegung, diese Vision des Johannes ist wie alle folgenden voller Handlung und Kraft.

Bevor er die Gestalt selbst sieht, betrachtet der Seher von Patmos einen der Gestalt eigenen Gegenstand. Er sieht die sieben goldenen Leuchter und in ihrer Mitte jemanden, der aussieht wie ein Menschensohn. Genauso wie später in Kapitel 19: Johannes entdeckt zunächst ein weißes Pferd und erst später den Reiter. Christus erscheint dem Johannes inmitten von sieben Leuchtern. Zur Ausstattung des Kaiserkults gehörte ein Anzahl von Leuchtern, wie man solche in Ephesus aufgefunden hat. Ein Vergleich wäre diskutabel, aber trotzdem eindrucksvoll.

Was sind die Leuchter, wenn nicht die sieben Gemeinden? Johannes selbst sagt es deutlich: Die sieben Leuchter sind die sieben Gemeinden (1,20).

Inmitten der sieben Gemeinden erscheint also der majestätische und glorreiche Christus. Von jetzt an muß man festhalten, daß Christus in der ganzen Apokalypse nicht zu trennen ist von der Kirche. Er ist ganz gewiß das Haupt der Kirche, und zwar der Weltkirche. Das ist der Hauptsinn dieses Teils der Apokalypse.

Zu dieser Vision sollte man die Erklärung der sieben Briefe lesen: Sie sind ja Botschaft Christi an die sieben Gemeinden, in deren Mitte er erscheint.

Wer da erscheinen wird, ist der Christ-König, der souveräne Christus: die goldenen Leuchter unterstreichen den königlichen Aspekt der Vision.

Da wird Christus dargestellt als ein Menschensohn. Johannes entlehnt diesen Ausdruck beim Propheten Daniel, indem er die Vision vom Menschensohn, der auf den Wolken kommt und die Königsmacht empfängt (Dan 7), mit der Vision der himmlischen Gestalt verbindet (Dan 10).

Haltung und äußere Erscheinung der Gestalt werden von Johannes genauestens beschrieben. Es ist unbestreitbar der Messias, der Christ-König, dargestellt in der Würde des Priesters und Königs. Er war bekleidet mit einem langen Gewand, dem im Exodus beschriebenen Priestergewand. Ein goldener Gürtel umschließt seine Brust: Dieser Gürtel, eine weitere Anspielung auf die Vision des Daniel, bezeichnet die Würde und Majestät. Die Gestalt ist königlich, priesterlich, göttlich.

Johannes geht über zur Beschreibung des Hauptes und der Haare, wie Wolle, wie weiße Wolle, wie Schnee. Auch diese

Beschreibung des Johannes ist entnommen der Vision des Menschensohns (Dan 7,9).

Bei Daniel ist das weiße Haar ein Unterscheidungsmerkmal des »Alten der Tage«, d. i. Gott selbst. Es ist ein Symbol der Ewigkeit. In seiner messianischen, priesterlichen Majestät wird der Menschensohn von Johannes mit göttlichen Attributen umschrieben.

Seine Augen waren wie Feuerflammen. Er prüft die Nieren und die Herzen, er nimmt an der Allwissenheit Gottes teil. Das ist wieder die Beschreibung einer göttlichen Eigenschaft.

Seine Beine glänzten wie Golderz, das im Schmelzofen glüht . . .

Und seine Stimme war wie das Rauschen von Wassermassen.

Diese Beschaffenheit erinnert an die Prophetie Daniel 10. Dieses »Rauschen von Wassermassen« wird wiederkehren vor der Ausrufung des himmlischen Jerusalem, um die Macht des Weltenschöpfers zu zeigen. Ähnlich wird die göttliche »Glorie« dargestellt.

Johannes setzt seine Beschreibung fort: In seiner Rechten hielt er sieben Sterne, und aus seinem Mund kam ein scharfes, zweischneidiges Schwert. Der Menschensohn befindet sich also inmitten der sieben Leuchter und trägt sieben Sterne.

Um was handelt es sich? Wieder gibt Johannes den Schlüssel: Der geheimnisvolle Sinn der sieben Sterne, die du auf meiner rechten Hand gesehen hast, und der sieben goldenen Leuchter ist: Die sieben Sterne sind die Engel der sieben Gemeinden, und die sieben Leuchter sind die sieben Gemeinden . . . (1,20). Die sieben Briefe werden adressiert an die »Engel« der Gemeinden. Übrigens beginnt jeder mit den Worten: An den Engel der Gemeinde in . . . schreibe! Aber was bedeuten diese Engel? Viele Alternativen sind vorgeschlagen worden. Drei sind zu beachten, besonders jene, die mit Recht von der TOB festgehalten wurden. Die erste sehr häufig gewählte Lösung besagt, daß die Engel die Schutzengel der Gemeinden seien, jede Gemeinde habe den ihrigen. Gegen diese Alternative kann der Einspruch erhoben werden, daß in den Kapiteln 2 und 3 der Apokalypse die Engel gelobt, getadelt und zur Buße ermahnt werden! Dem Engel der Kirche von Ephesus zum Beispiel wird gesagt: Bedenke, aus welcher Höhe du gefallen bist. Kehr zurück zu deinen ersten Werken! Wenn du nicht umkehrst, werde ich kommen und deinen Leuchter von seiner Stelle wegrücken (2,5). Kräftiger und noch unbequemer zuzugeben, was dem Engel von Sardes gesagt wird: Du bist tot (3,1). Für einen Engel ist das ein bißchen schwierig! Und der von Laodizea bekommt zu hören: Du bist weder kalt noch heiß . . . (3,15–17). Diese Alternative kann also nicht angenommen werden. Wäre es überdies nicht befremdend, daß an Engel Briefe adressiert würden durch Vermittlung eines Menschen?

Andere denken, es seien die Oberhäupter, leitende Gemeindemitglieder, Bischöfe oder vornehme Autoritäten im Schoß des »Presbyteriums«. Aber gegen diese Lösung können wir geltend machen, daß der Titel »Engel« niemals auf ein menschliches Wesen angewendet zu finden ist, weder in der johanneischen Apokalypse noch in der apokalyptischen Literatur überhaupt. Niemals wird ein menschliches Wesen »Engel« genannt. Zudem richtet sich die Botschaft an die Gemeinden und nicht an Einzelpersonen, wie man am Wechsel in der Anrede zwischen »du« und »ihr« erkennt.

Mehr Wahrscheinlichkeit hat die dritte Alternative: Es handelt sich um ein der apokalyptischen Literatur eigenes Symbol; die Engel sind personalisierte Symbolfiguren zur Darstellung der Gemeinden. Die Art und Weise, die Gemeinden indirekt durch Vorbilder, himmlische Idealgestalten darzustellen, ist der apokalyptischen Schreibweise nicht fremd; sie könnte sich durch die Tatsache erklären, daß Johannes seine Offenbarung im Geist empfängt. Die sieben Sterne sind die Gemeinden, die sie im himmlischen Bereich repräsentieren. Sie nehmen teil an der Bestimmung der Kirche und an ihrem Versagen, sie sind eine Art Personifizierung der Kirche in der Hand Christi. Die Vision vom Menschensohn zeigt die Beziehung zwischen Christus und der Kirche noch deutlicher: Aus seinem Mund ging ein scharfes zweischneidiges Schwert hervor (1,16 b). Dieses Bild findet sich später wieder (2,12 und 16; 19,15). Es hat seinen Ursprung in Jesaja 49,2. Das Schwert ist Symbol der reinigenden Kraft des Wortes Christi. Christus hat das Schwert, um unablässig seine Kirche zu reinigen. So spricht Er, der das scharfe, zweischneidige Schwert trägt: Ich weiß, wo du wohnst; es ist dort, wo der Thron des Satans steht (2,12). Dies ist die Erscheinung Christi an der Schwelle der Apokalypse: Der Menschensohn des Daniel in all seiner göttlichen Glorie, Mensch und Gott zugleich, Haupt der Kirche, in direkter Verbindung mit der Kirche, immer in Bewegung zu den Gemeinden, um sie zu tadeln und um sie zu reinigen.

Die sieben Gemeinden stellen die eine Kirche ganz und gar in der Hand Christi geborgen dar. Christus ist das Zentrum ihrer Einheit, die Quelle ihrer Einheit und der Brennpunkt ihres Lichtes.

Als ich ihn sah, – sagt Johannes –
fiel ich wie tot vor seinen Füßen nieder.
Er aber legte seine rechte Hand auf mich
und sagte: Fürchte dich nicht (1,17).

Die Vision, wie jedes Ereignis einer Gotteserscheinung, erweckt zunächst Furcht. Ein Erschrecken vor dem »Ganz Anderen« ist die erste Bewegung des Menschen. Johannes fängt nicht gleich an zu schreiben, er fällt dem Menschensohn zu Füßen wie die Apostel bei der Verklärung, wie Petrus nach dem wunderbaren Fischfang.

Ich bin verloren, ich bin ein unreiner Mensch, rief Jesaja. Vor der Majestät Gottes kann der Mensch nur Unreinheit und Schwäche empfinden.

Wie bei jeder Theophanie gibt es auch die umgekehrte Bewegung: Christus legt auf ihn seine rechte Hand und sagt: Fürchte dich nicht, hab keine Angst. Christus nimmt die Furcht von seinem Jünger und läßt ihn begreifen, daß die Erscheinung nicht zum Tod, sondern zum Leben geschieht. Johannes entdeckt, daß Christus der Lebendige ist und die Quelle des Lebens. In diesem Sinn fährt er fort:

Fürchte dich nicht!

Ich bin der Erste und der Letzte und der Lebendige (1,17 bis 18).

Wenn sich Christus als »der Lebendige« bezeichnet, legt er sich nicht irgendeinen Titel zu, sondern er erklärt sich als Anfang und Ende aller Dinge. Er ist nicht der Christus der Vergangenheit, sondern der von heute. Er ist »der Erste und der Letzte«, wie er sich »Alpha und Omega« nennt. Christus ist allem voraus; alles ist durch ihn geschaffen, er ist das letzte Wort über alles. Seine Parousie, seine Wiederkunft wird alles in Ordnung bringen.

Und nun erklärt der, der da erschienen ist, dem Seher in wunderbarer Formulierung, in welchem Sinn er der Lebendige ist:

Ich war tot,

doch nun lebe ich

in alle Ewigkeit (1,18).

Es ist eine Art Erinnerung an das Kerygma, an die apostolische Predigt von gestern im Mund der Engel, die die Apostel fragen: »Warum sucht ihr den Lebenden unter den Toten?«, mehr darüber nicht, aber jetzt sagt Christus selbst: »Ja, ich war tot, und ich bin da, ich bin lebendig«, und dies »in alle Ewigkeit«. Er hat den endgültigen Sieg über den Tod errungen. Jetzt ist er der ewige Lebendige. Er hat das Leben für immer wiedererworben. Und Christus schließt: Ich habe die Schlüssel zum Tod und zur Unterwelt (1,18). Christus besitzt als Herrscher die höchste endzeitliche Gewalt, er hat die Schlüssel des Todesbereichs, er allein kann den Menschen die Tore des Lebens öffnen oder schließen.

Da werden Natur und Bedeutung der Christusherrschaft im Verhältnis zu den Gemeinden sichtbar. Auferstanden, lebendig in alle Ewigkeit, ist er ihnen gegenüber der »Erste«. Er ist der Herr des Lebens. Und unter diesem Titel spricht er zum Seher:

46

Schreib auf,
was du gesehen hast:
was ist
und was danach geschehen wird (1,19).

Ebenfalls kennzeichnend für die Beziehungen zwischen Christus und der Kirche ist ein vorweg gesondert zu betrachtendes Merkmal der Briefe an die sieben Gemeinden; deshalb scheint es interessant, hier eigens darauf hinzuweisen.

So spricht Er, der die sieben Geister Gottes und die sieben Sterne hat (3,1).

Neben den sieben Sternen befinden sich jetzt die sieben Geister Gottes. Dieser Ausdruck »Die sieben Geister Gottes«, schon gebraucht in der Einleitung der Apokalypse (1,4), wiederholt in der Vision vom göttlichen Thronsaal (4,5), dann in der Vision des versiegelten Buchs und des Lammes (5,6), bedarf einer Erklärung zum Verständnis.

Es handelt sich, wenn es auch gelegentlich in Zweifel gezogen wurde, um eine der johanneischen Apokalypse eigene Formulierung, um den Heiligen Geist zu bezeichnen. Die TOB gibt dieselbe Deutung: »Die Ähnlichkeit der sieben Augen und der sieben Geister ist ohne Zweifel dem Einfluß von Jesaja 11,2–3 zu verdanken: Der Messias hat sieben Geister, d. h. die Fülle des Geistes.« »Die sieben Geister Gottes« bezeichnen also den Geist Gottes mit all seinen Gaben und der Fülle seines Wirkens.

Die unter der schützenden Hand Christi bestehende feste Verbindung zwischen den sieben Geistern Gottes und den sieben Sternen ist die Besonderheit von Offb 3,1. Er trägt die sieben Geister, die den Geist bedeuten, und die sieben Sterne, Symbol der sieben Gemeinden, d. h. der Kirche in ihrer Einheit. Die Gnade des Heiligen Geistes kommt durch Christus zu den Gemeinden – zur Kirche. Er hält die sieben Gemeinden in der Hand, denen er unablässig die Fülle des Geistes mitteilt. Drei Symbolismen sind festzuhalten:

– Da ist der Menschensohn, Christus, und es gibt die sieben goldenen Leuchter, in deren Mitte er einhergeht:

Das ist das Symbol der Kirche auf Erden.

– Da ist der Menschensohn, und es gibt die sieben Sterne, Symbol derselben Kirche, als himmlische Realität gesehen. Das Geheimnis der Kirche ist zugleich ein Geheimnis der Erde und des Himmels. Die Kirche ist auf der Erde, und sie ist gleichzeitig in der Hand Christi:

Das ist das Symbol der Kirche im Himmel.

– Und es sind da die sieben Geister Gottes, Symbol des Heiligen Geistes, der die Gemeinden beseelt und erleuchtet.

Das ist das Symbol des Heiligen Geistes, Licht und Leben. Diese drei Aspekte der kirchlichen Wirklichkeit sind wesentlich; in dreifacher Hinsicht, irdisch, himmlisch, geistlich, ist die Kirche auf Christus bezogen, von dem ihr alles zuteil wird.

Briefe an die Kirche

Christus im Dialog mit der Kirche:
Er prüft, er kennt, er weiß, er warnt, er ermutigt, er liebt und will retten.

Nach der Vision des Menschensohnes treten wir mit den Briefen an die sieben Gemeinden in den inneren Bereich der Beziehungen ein, die diese Gemeinden (das ist die Kirche) mit Christus verbinden.

Wir wollen festhalten, daß diese sieben Gemeinden nicht bloße Symbole sind, wie man behauptet hat, sondern konkrete Gemeinden. Um sich davon zu überzeugen, muß man eine geographische Karte betrachten, man sieht die Reiserouten von einer Kirche zur anderen, wie sie der Verfasser angibt. Die erstgenannte ist die Kirche von Ephesus. Johannes erwähnt die Kirche von Smyrna, die von Pergamon und dann die von Thyatira. Es folgen die von Sardes, von Philadelphia und endlich als siebte die Kirche von Laodizea. Johannes geht von Süden nach Norden, Pergamon wäre das nördlichste Reiseziel. Er wendet sich dann nach Süd-Osten, von Pergamon nach Thyatira, Sardes, Philadelphia und Laodizea, mit dem nicht erwähnten Rückreiseziel Ephesus. Diese Reihenfolge ergab sich nicht zufällig, eine vorhandene Straße führte ihn diesen Weg. Die Abstände zwischen den genannten Städten sind ungefähr gleich. Man darf vermuten, daß Johannes der Römerstraße folgte und daß die genannten Städte Poststationen waren. Diese Reise Christi zu den Gemeinden entspricht einer Pastoralreise, die Johannes selbst als Bischof von Ephesus von dieser Stadt aus unternehmen konnte.

Konkrete Gemeinden

Ein weiterer Grund bestärkt uns in der Vermutung, daß es sich nicht um symbolische Kirchen handelt: Johannes bezeugt eine sehr genaue Kenntnis dieser Gemeinden und ihrer Schwierigkeiten. Konkrete Einzelheiten, die historischen Gegebenheiten entsprechen, fließen in den Briefinhalt ein. Ephesus erscheint klar als Metropole. Pergamon wird erwähnt als der Ort, wo der Thron des Satans steht. Diese Stadt aber war der Hauptort des Kaiserkults für die Provinz Kleinasien. Ruinen beweisen, daß Pergamon wirklich die herausragende Stätte des heidnischen Kults war: die Akropolis ist voll von Tempeln, einer von ihnen ist dem Jupiter geweiht. Es ist wahrhaft in jener Zeit der Ort, wo der Satan wohnt (2,13). In der johanneischen Literatur hat »Satan« einen engeren Sinn als allgemein im Polytheismus. Es meint den als satanisch betrachteten Kaiserkult. In Offb 13 ist der Kaiserkult direkt verbunden mit der Gestalt des Drachen, der den Satan verkörpert.

An die Kirche von Laodizea schreibt Christus: Du bist weder kalt noch heiß. Wärest du doch kalt oder heiß! Weil du aber lau bist, weder heiß noch kalt, will ich dich aus meinem Mund ausspeien (3,15–16). In Laodizea gab es die warmen Quellen ... Dieser Stadt wird noch gesagt: Ich rate dir: Kaufe von mir Gold, das im Feuer geläutert ist, damit du reich wirst; und kaufe von mir weiße Kleider, und zieh sie an, da-

mit du nicht nackt dastehst und dich schämen mußt (3,18a).
Denn Laodizea war gleichermaßen berühmt als Textilstadt.
Außerdem können wir lesen: Und kaufe Salbe für deine
Augen, damit du sehen kannst (3,18b). Laodizea war berühmt wegen einer Salbe, die dort produziert wurde. Es ist
verblüffend, wie diese drei Besonderheiten sich gerade in Laodizea vereint finden.

Die Exegeten, die Geschichtswissenschaftler haben eine
ganze Reihe solcher Einzelheiten zusammengetragen, wo-
durch die Ortskenntnis des Johannes hinreichend aufgezeigt
wird. Das gilt ebenso für die Stadt Sardes.

Christus sagt: Ich werde kommen wie ein Dieb (3,3). Wußte
man nicht, daß Sardes plötzlich erstürmt worden war, der
Feind war nachts eingedrungen wie ein Dieb. Daher die Formulierung Christi: Wenn du nicht aufwachst, werde ich kommen wie ein Dieb. Die Eigenheiten jeder einzelnen Stadt
zeigen gut, daß diese Kirchen sehr wohl konkrete Gemeinden
sind. An jede von ihnen adressiert Christus, vermittelt durch
Johannes, einen Brief. Christus wendet sich an die inkarnierte
Kirche auf der Erde, nicht an eine erfundene.

Nach gleichem Muster gestaltete Briefe

Alle haben die gleiche Einleitung: An den Engel der Kirche
von . . . schreibe. Und ein Refrain, der in jedem Brief (wenn
auch nicht immer an der gleichen Stelle) wiederkehrt: Wer
Ohren hat, der höre, was der Geist den Gemeinden sagt. In
jedem der Briefe stellt sich der glorreiche Christus als der
eigentliche Verfasser des Briefes vor: An den Engel der Gemeinde in Ephesus schreibe: So spricht Er, der die sieben
Sterne in seiner Rechten hält. Zu Beginn eines jeden Briefes
wird Christus mit einem der Attribute der Vision vom Menschensohn belegt. Die Verbindung zwischen der Menschen-
sohn-Vision und den sieben Briefen wird dadurch unterstrichen. Der Ausdruck »so spricht Er, der die sieben Sterne in
seiner Rechten hält und mitten unter den sieben goldenen
Leuchtern einhergeht (2,1)«, findet sich in der Vision selbst

wieder. Der Beginn des Briefes an die Gemeinde von Smyrna: So spricht Er, der Erste und der Letzte, der tot war und wieder lebendig wurde (2,8), sind die Trostworte des auferstandenen Christus an Johannes nach der Vision (1,18). Der Anfang des Briefes an die Gemeinde in Pergamon: So spricht Er, der das scharfe, zweischneidige Schwert trägt (1,16; 2,12). Am Anfang des Briefes an die Gemeinde in Thyatira lesen wir: So spricht der Sohn Gottes (2,18). Der Titel »Sohn Gottes« findet sich in der Vision nicht wörtlich, ist jedoch umschrieben: Seine Augen waren wie Feuerflammen; seine Beine glänzten wie Golderz (1,14–15) ... Man gehe doch die ganze Beschreibung durch, Attribut für Attribut. Ein Attribut steht immer am Briefanfang und bezieht sich, zumindest mehrfach, jeweils auf den Briefinhalt.

Christus stellt sich jedesmal als glorreicher Christus und als Verfasser des Briefes vor, und zwar mit dem Titel, der für jede Gemeinde anders lautet, aber immer auf die Eingangsvision zurückgeht. Die Rede Christi beginnt in zur Gewohnheit gewordener Ausdrucksweise mit den Worten: So spricht ...

Eine Gewissenserforschung

Das Kernstück eines jeden Briefes bildet eine Gewissenserforschung der Gemeinde, die Christus mit der Formel einleitet: Ich kenne ... ich weiß ... Christus spricht also mit souveräner Autorität. Zur Verdeutlichung genügt ein Beispiel.

Zur Gemeinde in Ephesus sagt Christus:

Ich kenne deine Werke und deine Mühe und dein Ausharren; ich weiß: Du kannst die Bösen nicht ertragen, du hast die auf die Probe gestellt, die sich Apostel nennen und es nicht sind, und du hast sie als Lügner erkannt.

Du hast ausgeharrt und um meines Namens willen Schweres ertragen und bist nicht müde geworden (2,2–3).

Diese Gewissenserforschung ist nicht völlig negativ, sondern eine Art Aufmunterung.

51

Ich werfe dir aber vor, daß du deine erste Liebe verlassen hast. Bedenk, aus welcher Höhe du gefallen bist (2,4).

Es folgt eine Ermahnung zur Treue, zur Bekehrung, mehrmals mit der Formel: »bekehre dich«, »ändere dich«, und besonders »kehre zurück«.

Kehr zurück zu deinen ersten Werken!

Wenn du nicht umkehrst . . .

Die Ermahnung zu Treue und Bekehrung begleitet die Warnung:

Wenn nicht . . .! (Achtung!)

Wenn du nicht umkehrst, werde ich kommen und deinen Leuchter von seiner Stelle wegrücken (2,5).

Christus ist derjenige, der kommen wird, um der untreuen Gemeinde Vorhaltungen zu machen und vielleicht Strafen aufzuerlegen.

Christus kommt dann wieder zu den positiven Werten:

Doch für dich spricht:

Du verabscheust das Treiben der Nicolaiten, das auch ich verabscheue (2,6).

Schließlich folgt eine deutliche Lohnverheißung:

Wer siegt, dem werde ich zu essen geben vom Baum des Lebens, der im Paradies Gottes steht (2,7b).

Das ist eine Ermahnung zur Bekehrung, aber gleichzeitig eine Ermutigung, ein Anreiz. Christus gibt sich nicht damit zufrieden, eine Warnung auszusprechen; er spornt an, er appelliert an die vorhandenen Kräfte zum Neubeginn.

Dazu erinnert er an den Baum des Lebens (2,7c), an den Sieger, der den zweiten Tod nicht erleben wird (2,11b), an das Manna, göttliche Speise, Brot der Unsterblichkeit (2,17). Das sind Beispiele von »Überlagerung«, derer sich Johannes laufend bedient.

Die sehr bescheidene kleine Kirche von Philadelphia wird reichlich bedacht. Diese kleine Gemeinde ist eine wirklich arme Kirche:

Du hast nur geringe Kraft, und dennoch hast du an meinem Wort festgehalten und meinen Namen nicht verleugnet.

Leute aus der Synagoge des Satans, die sich als Juden ausgeben, es aber nicht sind, sondern Lügner – ich werde bewirken, daß sie kommen und sich dir zu Füßen werfen und erkennen, daß ich dir meine Liebe zugewandt habe (3,8–9).

Vielleicht muß man hier die Ankündigung einer Art Umkehr der jüdischen Gemeinde angesichts der Christen vermuten: Sie sollen die Liebe Christi zu seiner Gemeinde anerkennen ...

Du hast dich an mein Gebot gehalten, standhaft zu bleiben; daher werde auch ich zu dir halten und dich bewahren vor der Stunde der Versuchung, die über die ganze Erde kommen soll, um die Bewohner der Erde auf die Probe zu stellen.

Ich komme bald. Halte fest, was du hast, damit kein anderer deinen Kranz bekommt.

Wer siegt, den werde ich zu einer Säule im Tempel meines Gottes machen, und er wird immer darin bleiben. Und ich werde auf ihn den Namen meines Gottes schreiben und den Namen der Stadt meines Gottes, des neuen Jerusalem, das aus dem Himmel herabkommt von meinem Gott, und ich werde auf ihn auch meinen Namen schreiben.

Wer Ohren hat, der höre, was der Geist den Gemeinden sagt (3,10–13).

Diese Kirche ist weder die Metropole Ephesus noch die Großstadt Pergamon, noch der gewaltige Hafen von Smyrna. Es ist eine kleine Gemeinde, verloren in der Landschaft. Du hast nur geringe Kraft, und dennoch ...

Das Wort »kehre um«, »ändere dich«, steht im ersten, dritten, fünften und siebten Brief. Der Bekehrungsappell richtet sich an die »Ungeraden«, an Ephesus, Pergamon, Sardes und Laodizea. Für die zweite und sechste Stadt, Smyrna und Philadelphia, gibt es keine Einladung zur Bekehrung.

Was die Stadt Thyatira betrifft, da ergeht die Aufforderung zur Bekehrung dreimal, aber weder in Befehlsform noch in der zweiten Person, sondern bezieht sich auf Isebel und ihre Anhänger.

Dieser Brief enthält also, genau gesagt, keinerlei negatives Ergebnis.

Aber ich werfe dir vor, daß du das Weib Isebel gewähren läßt; sie gibt sich als Prophetin aus und lehrt meine Knechte und verführt sie, Unzucht zu treiben und Fleisch zu essen, das den Götzen geweiht ist.

Ich habe ihr Zeit gelassen umzukehren; sie aber will nicht umkehren und von ihrer Unzucht ablassen. Darum werfe ich sie auf das Krankenbett, und alle, die mit ihr Ehebruch treiben, bringe ich in große Bedrängnis, wenn sie sich nicht abkehren vom Treiben dieses Weibes (2,20–22).

Es muß hier eine Sekte mit mehr oder weniger gnostischer Tendenz gegeben haben, welche die Gemeinde in Thyatira unzulässigerweise gewähren ließ.

Ihre Kinder werde ich töten, der Tod wird sie treffen, und alle Gemeinden werden erkennen, daß ich es bin, der Herz und Nieren prüft, und ich werde jedem von euch vergelten, wie es seine Taten verdienen.

Aber euch übrigen in Thyatira, denen, die dieser Lehre nicht folgen und die »Tiefen des Satans«, wie sie es nennen, nicht erkannt haben, euch sage ich:

Ich lege euch keine andere Last auf. Aber was ihr habt, das haltet fest, bis ich komme (2,22–25).

Die Ermahnung, sich zu bekehren, scheint also nicht direkt die Kirche von Thyatira zu treffen, sondern eine Sekte, von der sich die Kirche vielleicht nicht klar genug distanziert hatte.

Wir können also, so scheint es, die Kirche von Thyatira denen zurechnen, die keine Bekehrungsaufforderung bekommen.

Zwei Gruppen von Gemeinden

Im Ergebnis treten zwei Gruppen von Gemeinden auf:
Diejenigen, die Christus für schuldig erklärt und die sich wieder fangen müssen: Ephesus, Pergamon, Sardes, Laodizea; es sind insgesamt vier.

Drei Kirchen: Smyrna, Thyatira (mit dem oben erwähnten Vorbehalt) und Philadelphia, sind nicht schuldig.

Beim Vergleich der »schuldigen« Gemeinden mit den nichtschuldigen, der gefährdeten mit denen auf gutem Weg, können wir folgendes feststellen:

Ephesus, die erstgenannte, ist unter den schuldigen Gemeinden diejenige, welche dennoch das meiste Lob empfängt, im ganzen achtmal:

> Ich kenne deine Werke, deine Mühe und dein Ausharren.
>
> Du kannst die Bösen nicht ertragen, du hast die auf die Probe gestellt, die sich Apostel nennen und es nicht sind.
>
> Du hast ausgeharrt.
>
> Du hast um meines Namens willen Schweres ertragen.
>
> Du bist nicht müde geworden.

Die Kirche von Pergamon darf hören:

> Du stehst fest, du hast den Glauben nicht verleugnet.

Die Kirche von Sardes bekommt keine Lobrede, aber ihr wird dennoch gesagt, daß

> einige Leute . . . ihre Kleider nicht befleckt haben.

Die Kirche von Laodizea ist sicher diejenige, an die der ernsteste Brief gerichtet wird.

> Ich kenne deine Werke: Du bist weder kalt noch heiß . . .
>
> Du behauptest: Ich bin reich und wohlhabend, und nichts fehlt mir . . .
>
> Du behauptest . . . nichts fehlt mir.
>
> Du weißt aber nicht, daß gerade du elend und erbärmlich bist, arm, blind und nackt.
>
> Darum rate ich dir: Kaufe von mir Gold, das im Feuer geläutert ist, damit du reich wirst . . .
>
> Darum rate ich dir: Kaufe von mir weiße Kleider, und zieh sie an . . .
>
> und kaufe Salbe für deine Augen,
>
> damit du sehen kannst.
>
> Wen ich liebe, den weise ich zurecht und nehme ihn in Zucht (3,15–19).

Dieser letzte Punkt der Gewissenserforschung in diesem letzten Brief ist wunderbar. Wenn Christus streng zu sprechen scheint, geschieht es aus Liebe. Es spricht um so strenger als er zuvor liebt. Wen ich liebe, den weise ich zurecht und nehme ihn in Zucht. Daher die Mahnung: Sei doch eifrig, kehre zurück, bekehre dich.

Hier steht auch jene wunderbare, als Bitte vorgetragene Verheißung:

Ich stehe vor der Tür und klopfe an.

Christus ist da, wie ein Bettler, vor der Tür!

Wer meine Stimme hört und die Tür öffnet, bei dem werde ich eintreten, und wir werden Mahl halten, ich mit ihm und er mit mir. Wer siegt, der darf mit mir auf meinem Thron sitzen, so wie auch ich gesiegt habe und mich mit meinem Vater auf seinen Thron gesetzt habe (3,20–21).

Diese Untersuchung der »schuldigen« Gemeinden zeigt abnehmendes Lob von Ephesus über Pergamon und Sardes bis Laodizea, während wir bei den eifrigen »unschuldigen« Gemeinden wachsende Treue feststellen.

Zur Kirche von Smyrna sagt Christus: Du bist reich, in den Bedrängnissen, durch Prüfungen, Armut und Schmähung ... durch die Synagoge Satans. Allerdings meint Christus den geistlichen Reichtum.

Die Kirche von Thyatira hat vier Tugenden: Liebe, Glaube, Demut und Beharrlichkeit. Und ich weiß, daß du in letzter Zeit mehr getan hast ...

Und zu Philadelphia wird gesagt: Du hast an meinem Wort festgehalten ... ich habe dich geliebt. Diese Kirche trägt die Krone, sie wurde ihr bereits verliehen. Das ist das höchste Lob.

Wachsender Strenge als Antwort auf mehr Untreue entspricht höheres Lob für größere Treue.

Der Herr der Kirche

In den Kapiteln 1–3 der Apokalypse erscheint Christus wahrhaftig als der Menschensohn, der Herr, der in den Gemeinden eine echte Autorität darstellt. Er ist der Herr der Kirche.

Er übt sein Leitungsamt über konkrete Gemeinden aus, eine aktuelle und andauernde Jurisdiktion, die sich in unterschiedlicher Weise zeigt. Jesus hat die Rolle eines wirklichen Kirchenoberhauptes; er interessiert sich für das Leben seiner Gemeinden; er übt direkten Einfluß aus; er prüft, er kennt, er weiß. Er hat »flammende Augen«. Er lobt; er ist voll Güte. Er beschämt, und das noch aus Liebe. Er mahnt zur Bekehrung, er warnt, er ermutigt. Er sagt Prüfungen voraus, Kämpfe, denen sie begegnen müssen. Er folgt unmittelbar den Ereignissen, die das Leben der Gemeinden berühren. Er erscheint seinen Gemeinden gegenüber als »Wächter«, der sie in seiner Hand trägt, in deren Mitte er einhergeht, liebend und wachend und voll Verheißung!

Allen Gemeinden verkündet er sein Kommen: Er ist, der da kommt. Christus ist in der Apokalypse derjenige, der in seinen Gemeinden gegenwärtig ist und der unablässig zu ihnen kommt.

Die Zukunft der Kirche trägt er in seiner Hand. Er selbst ist »der Sieger«, und er ist derjenige, der »dem Sieger« die Krone verleihen wird. Er ist wahrhaftig der Anfang, und er ist das Ende.

Wonach er trachtet, indem er die Gemeinden tadelt, verwarnt, ihnen droht, wenn er zu ihnen kommt, ist ein Leben der Vertrautheit. Christus, der fast unmenschlich erscheint in der großen Eingangsvision, sosehr macht das für uns befremdende Gemälde bestürzt, hier ist er wie ein Freund, begierig nach einem Leben der Vertrautheit. Die Briefe erweitern gut die Vision des Menschensohnes (1,13.16). Wir dürfen Vision und Briefe nicht voneinander trennen.

Einer der erstaunlichsten Kontraste in der Apokalypse ist übersteigende Größe und liebende Nähe. Wer meine Stimme hört und die Tür öffnet, bei dem werde ich eintreten, und wir werden Mahl halten, ich mit ihm und er mit mir. Dieser Text wurde von einigen Exegeten mit dem Hohenlied verglichen, und das mit Recht. Was wäre der exakte Sinn dieser Intimität, wenn nicht bereits die Idee des Christus als Bräutigam der Kirche? Das ist um so plausibler, als wir am Schluß der Apokalypse die Vision der Hochzeit des Lammes wiederfinden.

Jesus kündigt sich als Bräutigam, als Menschensohn-Bräutigam an. Wenn Christus die Kirche tadelt wie Gott im Alten Testament, geschieht es vielleicht mit der Wehmut des verschmähten Bräutigams. »Kehr um, komm zu deiner ersten Liebe zurück.« Was Christus ersehnt, ist diese Liebe und ihr Aufblühen, er will überhäufen mit Gütern, seinen eigenen Reichtum mitteilen, an der eigenen Glorie teilnehmen lassen, um alles gemeinsam zu haben.

Christus reserviert nichts für sich selbst. Im letzten Brief sagt er: Wer siegt, der darf mit mir auf meinem Thron sitzen, so wie auch ich gesiegt habe und mich mit meinem Vater auf seinen Thron gesetzt habe. Alles möchte er mitteilen: seinen Sieg, seine Glorie, sein Einssein mit dem Vater.

Dadurch finden wir unter ganz und gar unterschiedlichen Bildern die Tiefe des Johannesevangeliums wieder: »Sie sollen eins sein, wie wir eins sind« (Joh 17,22).

Das Zentrum der Apokalypse bildet ja von Anfang an die Ekklesiologie, zuinnerst verbunden mit der Christologie. Anders gesagt: Der Mittelpunkt der Apokalypse ist Christus, aber mit der Kirche, seiner Braut, die er mitnehmen will in seine Glorie.

In letzter Analyse ist das wesentliche Anliegen des Verfassers der Apokalypse: die christliche Gemeinde, da sie ins Herz Christi eingeschrieben ist.

Der Christus der Apokalypse ist Christus, der liebt und der retten will, nicht eine ätherische Kirche, sondern »Kirche in Welt«.

2
Die Kirche in ihrem Ringen auf Erden

1. Kapitel

Das Buch mit den sieben Siegeln und das Lamm

Mit dem Kapitel 4 der Apokalypse beginnt der eigentlich prophetische und apokalyptische Teil des Werkes.

Der Ton wechselt. Der Himmel öffnet sich, es beginnen die Visionen und setzen sich fort bis zum Kapitel 20.

An der Schwelle dieses neuen Abschnitts bilden die Kapitel 4 und 5 eine unbestreitbare Einheit: sie bilden das, was einige »eine einzigartige Liturgie« nennen.

Die »einzigartige Liturgie« (Apokalypse 4 und 5)

Das Kapitel 4 bildet einen Rahmen für die Erscheinung des versiegelten Buches und des Lammes.

Das Kapitel beginnt mit den Worten:

Danach sah ich: Eine Tür war geöffnet am Himmel, und die Stimme, die vorher zu mir gesprochen hatte und die wie eine Posaune klang, sagte: . . . (4,1)

Die Vorbereitung der Vision oder die offene Tür

Eine Tür war geöffnet am Himmel.

Diese »geöffnete Tür am Himmel« ist zu vergleichen mit jener des Ezechiel (46,1–2). In dem durch Ezechiel beschriebenen künftigen Tempel öffnet die Tür einen dem Volk zugänglichen Vorhof; und ein zweiter Vorhof, wo sich der Opferaltar befindet, muß an den Feiertagen geöffnet bleiben. Die offene Tür soll dem Volk, das sich im ersten Hof aufhält, ermöglichen, die Opfer der verschiedenen Tiere zu sehen, besonders die Opfer der Lämmer. Genau hier wird in der Vision »das Lamm wie geschlachtet« erscheinen.

Die Verbindung zwischen dieser »geöffneten Tür am Himmel« und der Vision des Jakob bei Bet-El ist eindeutig (Gen 28,17). Jakob ist eingeschlafen; im Traum hat er eine Vision: Der Himmel ist offen; eine Leiter verbindet Himmel und Erde; Engel steigen auf ihr hinauf und herab. Jakob wacht auf und ruft aus: »Wie ehrfurchtgebietend ist doch dieser Ort! Hier ist nichts anderes als das Haus Gottes und das Tor des Himmels.«

In der johanneischen Vision legen sich die Vision des Tempels des Ezechiel und, vielleicht im Hintergrund, die von Bet-El übereinander: Das ist ein Beispiel für »Überlagerung«.

Das Himmelstor wird geöffnet. Wer öffnet es? Wir wissen es nicht, aber es ist nicht Johannes. Die offene Tür ist schon für sich eine Gnade, eine Einladung, deren Ursprung durch die Stimme angezeigt wird. Es ist jene Stimme, die Johannes in der ersten Vision gehört hatte (1,13). Wir müssen die Gegenwart von Stimme und Vision festhalten.

Bei den Propheten hat in feststehender Weise das Hören den Vorrang vor dem Sehen. In den Apokalypsen hat die Vision den Vorrang vor der Stimme. In der Offenbarung des Johannes gehen Bild und Ton immer zusammen: Johannes ist Seher und zugleich Prophet.

Die Tür wird geöffnet am Himmel, und durch die Stimme wird Johannes eingeladen hinaufzusteigen.

Und die Stimme, die vorher zu mir gesprochen hatte ..., sagte: Komm herauf (4,1).

Die Initiative geht also von Gott aus. Er erhebt Johannes zur Kenntnis der Mysterien. Johannes bestätigt: eine Gnade wurde ihm zuteil; er hat nichts unternommen, um die Vision herbeizuführen; es war nicht sein brennender Elan, der in den von der Bibel »Himmel« genannten Bereich eine Bresche geschlagen hat. Sein Blick wurde gefangen durch eine plötzliche Öffnung »von oben«. »Von oben« her wurde die Tür geöffnet, und es kam die Aufforderung heraufzukommen. Diese Aufforderung »Komm herauf« (anaba) findet sich bei den Propheten nicht. Wir kennen sie nur aus dem Exodus, als Mose erst nach Aufforderung »Komm herauf« den Sinai bestieg (Ex 24,1.9.12.15.118; und Dtn 10,1–3).

Die an Johannes ergangene Aufforderung »heraufzusteigen« erinnert in der Apokalypse an den Exodus im Alten Bund und weist auf den Neuen Bund hin. Die Stimme fügt nach der an Johannes ergangenen Aufforderung hinzu: »Ich werde dir zeigen, was alsbald geschehen soll.« Gott will nicht nur »sagen«, sonder auch »zeigen«, »sehen lassen«.

Das Verbum »zeigen« ist im Johannesevangelium ein sehr typisches Offenbarungswort. »Der Sohn kann nichts von sich aus tun, sondern nur, wenn er den Vater etwas tun sieht. Denn der Vater . . . zeigt ihm alles, was er tut« (Joh 20,20).

In der Aktivform und auf Jesus angewendet deutet das Verbum »zeigen« bei Johannes immer im strengen Sinn auf Offenbarung und göttliches Tun hin: Gott zeigt, was er tut. Hier wird Gott dem Johannes zeigen, was alsbald geschehen wird.

Gott will Johannes den Geschichtsablauf zeigen in seiner Tiefe, in seinem wahren Gewebe, in seinem endlichen Ziel.

Es geht nicht darum, die Neugier des Johannes zu befriedigen, sondern ihn zu befähigen, seinen Prophetendienst zu erfüllen, das heißt, daß er zu verkündigen verstehe, was später »das Ewige Evangelium« heißen wird (14,6).

Die Vision

Sogleich wurde ich vom Geist ergriffen (4,2).

Wie Paulus (2 Kor 12,2) wurde Johannes emporgehoben außerhalb von sich selbst. Es handelt sich für Johannes um eine erste persönliche, authentische Erfahrung wie für Paulus. »Ich wurde vom Geist ergriffen.« Johannes wurde in eine andere Welt getragen und blieb dabei völlig wach. Die Weise, wie er eine Vision ausdrückt, seine Erfahrung, zeigt

62

einen Menschen, der völlig Herr seiner selbst geblieben ist, was den wahren Mystiker kennzeichnet.

Der Zusammenhang zwischen dem Bericht des Johannes und seiner Sendung ist Zeichen authentischen göttlichen Handelns.

Und ich sah: ein Thron stand im Himmel.

Wie immer sieht Johannes zunächst einen Gegenstand, der die Hauptgestalt der Vision ankündigt. In der Vision des Menschensohnes wurden zuerst sieben goldene Leuchter gesehen.

Hier ist es »ein Thron«, der »im Himmel stand«. Der Thron ist zweifellos Symbol der Königsherrschaft. Johannes sieht jemand vor sich, der die höchste Richtergewalt besitzt, um die Welt zu richten. Er befindet sich in Gegenwart einer »höchsten Instanz«.

Auf dem Thron saß einer.

Beachten wir das allmähliche Fortschreiten in der Erscheinung: Und auf dem Thron saß einer . . . Also »Jemand«. Mehr nicht. Wir hätten einen Namen erwartet, aber nichts wird gesagt: Wir treffen hier auf den biblischen Sprachgebrauch, Gott nicht zu nennen.

Jedenfalls wird niemand überrumpelt: ein einziger kann diesen Platz einnehmen. Es handelt sich sehr wohl um »Einen«, um »Jemand«, Gott wird als personales Wesen beschworen.

Die Beschreibung unterscheidet sich hier von der ersten Vision (1,13): »Inmitten der Leuchter jemand, der aussah wie ein Menschensohn«; jene erste Beschreibung betraf das fleischgewordene Wort. Jetzt handelt es sich um »Einen«,

der wie ein Jaspis und ein Karneol aussah.

Und über dem Thron wölbte sich ein Regenbogen, der wie ein Smaragd aussah (2,3).

Die einzige Weise, wie Johannes diesen Jemand, den Einen bezeichnen und beschreiben kann, ist ein Spiel von Lichtern, funkelnde Edelsteine: »der wie ein Jaspis und ein Karneol aussah«. Der Jaspis ist grün und der Karneol ist blutrot.

»Über dem Thron wölbte sich ein Regenbogen, der wie ein

Smaragd aussah.« Die TOB meint, statt »Regenbogen« den Ausdruck »Heiligenschein« setzen zu sollen; sie sagt: »Es ist der Lichtkreis, der heilige Gestalten oder Dinge umgibt.« Das ursprüngliche Wort (Griechisch: iris) hatte beiderlei Sinn (Regenbogen und Heiligenschein), viele Exegeten bevorzugen die Übersetzung »Regenbogen« (so auch die »Einheitsübersetzung«) und vergleichen diese Vision mit Genesis 9,8–17, wo der Regenbogen nach der Sintflut den endgültigen Bund Gottes mit der Menschheit bezeichnet. Der Regenbogen ist Zeichen der Versöhnung, der Barmherzigkeit. Der »Eine« ist ja der Gott der Gnade, der Gott der Barmherzigkeit, der Gott des Bundes.

Johannes hat eine Vision von Schönheit vor Augen, ein Geheimnis von Licht, bei dem das Grün dominiert.

Warum dieses vorherrschende Grün? Grün wäre das Symbol der göttlichen Natur, der allzeit grünenden und blühenden göttlichen Natur, anders gesagt: der ewigen Jugend Gottes. Wir finden da die Vorstellung eines grünenden Frühlings angewendet auf Christus, der »das Leben« ist.

Ein vorreformatorischer Autor des 14. Jahrhunderts sieht im Grün das Zeichen für die Ewigkeit des Bundes, bezeichnet durch den Regenbogen und auch durch die göttliche Natur. Der Bund Gottes ist immer neu, er ist immer am Anfang. Dieser Bund ist grün, d. h. ist immer fruchtbar. Die Güte Gottes gegenüber den Menschen ist ewig.

Die modernen Exegeten sind zurückhaltend: »Der himmlische Regenbogen umgibt den Thron Gottes wie mit einem Licht.« Die Beschreibung, in jeder Art schwierig, drückt die Empfindung des Propheten aus, daß die Sprache nicht ausreicht, das überweltliche Strahlen der Gottheit in Worten wiederzugeben.

> Und rings um den Thron standen vierundzwanzig Throne, und auf den Thronen saßen vierundzwanzig Älteste in weißen Gewändern und goldenen Kränzen auf dem Haupt (4,4).

Der lebendige Gott hat einen königlichen Hofstaat. Johannes

sieht um den Gottesthron vierundzwanzig weißgekleidete Älteste sitzen. Wer sind sie? Nicht Engel, sondern Menschen, die verherrlicht wurden, Repräsentanten der Menschheit bei Gott. Sie nehmen am königlichen Charakter der Gottheit teil: sie sitzen »auf Thronen«.

»In weißen Gewändern«: Das weiße Gewand ist kennzeichnend für die göttliche Welt. In der jüdischen und auch heidnischen Liturgie, zumindest in Kleinasien, waren weiße Gewänder üblich. Es werden Könige und Priester sein. Das Weiß ist auch Zeichen des Triumphes: Die vierundzwanzig Greise sind gewiß Sieger.

»Mit goldenen Kränzen auf dem Haupt«: Der Kranz ist immer Siegeszeichen.

Die Gestalt dieser vierundzwanzig Ältesten ist königlich: der Thron; vielleicht liturgisch-priesterlich: das weiße Gewand; sie sind Sieger: der Kranz. Diese drei Attribute drängen uns zu vermuten, daß diese Personen die Geschichte durchschritten und den Sieg errungen haben.

Kein Name wird ihnen gegeben, sie sind »Älteste«. Diese Benennung erinnert an den von Jesaja beschriebenen himmlischen Hof (Jes 24,23), was diesem Kapitel den Titel »Apokalypse des Jesaja« eingebracht hat.

> »Denn der Herr der Heere ist König auf dem Berg Zion und in Jerusalem, er offenbart seinen Ältesten seine strahlende Pracht.«

Diese Szene bei Jesaja sehen wir im Zusammenhang mit Exodus 24,9. Mose steigt zum Sinai hinauf, begleitet von einer Gruppe Ältester. Diese Ältesten sind bei Jesaja wie im Exodus Vertreter des endzeitlichen Israel.

Die vierundzwanzig Ältesten der Apokalypse sind Menschen, die bei Gott sein Volk vertreten, wie die Ältesten im Exodus und im Jesaja-Text Israel vertreten. Das ist die häufigste Deutung bei den Kirchenvätern. Für uns ein Grund mehr, den Regenbogen als Zeichen des Bundes zu betrachten. Wir hören oft, daß durch die Greise eine idealisierte Kirche vertreten werde. Davon ist keine Rede, vielmehr werden sie säuberlich unterschieden von der Masse der Gläubigen (7,9 bis 17 und 15,2–4), der Braut des Lammes (19,2–4). Sie vertreten also das Volk Gottes auf der ersten Strecke der Heilsgeschichte, wenn sie bei der Ankunft des Lammes zugegen sind, bei der Vision des Lammes, das das versiegelte Buch öffnen wird.

> Von dem Thron gingen Blitze, Stimmen und Donner aus (4,5a).

Blitze und Donner, weitere typische Kennzeichen der Gotteserscheinungen im Alten Testament, insbesondere am Sinai, bringen uns wieder zum Exodus, zum Bundesschluß.

> Und sieben lodernde Fackeln brannten vor dem Thron; das sind die sieben Geister Gottes (4,5b).

Diese Fackeln, die sieben Geister Gottes, sind für die griechischen Väter im allgemeinen die Engel. Die lateinischen Väter, denen viele moderne folgen, sehen hier wie in den anderen Texten ein Symbol des Heiligen Geistes, der vor dem Thron ist: »Gnade sei mit euch und Friede von Ihm, der ist und der war und der kommt, und von den sieben Geistern vor seinem Thron . . .« (1,4). Es handelt sich in beiden, einander entsprechenden Texten um Gott und seinen Geist, der in der Welt wirkt.

In der biblischen Konzeption ist der Geist eine von Gott gesondert zu sehende Macht, die Gott zum Handeln aussendet, um zu vollbringen, was geschehen soll: um Geschichte zu machen.

> Und vor dem Thron war etwas wie ein gläsernes Meer, gleich Kristall (4,6).

Da ist eine weitere visuelle Feststellung. Es dürfte sich um das Himmelsgewölbe handeln, auf welchem nach antiker Weltvorstellung der Gottesthron steht. Das gläserne Meer, gleich Kristall, erinnert an den Exodus: Die Ältesten stiegen auf den Berg und sahen den Gott Israels . . . Die Fläche unter ihren Füßen »war wie mit Saphir ausgelegt und glänzte hell wie der Himmel selbst« (Ex 24,9–10). Zu dieser Übereinstimmung kommt noch eine »Überlagerung«: Das kristallene Meer erinnert uns zwangsläufig an die Beschreibung der Erschaffung des Himmels (Gen 1,7–8). Gott thront über der Schöpfung, die sein Werk ist.

Johannes sieht den Thron, der ihn blendet, dann bemerkt er vor dem Thron etwas wie ein gläsernes Meer, gleich Kristall, das all den Glanz des Throns und der göttlichen Gestalt widerspiegelt. Dieses Meer läßt uns den unermeßlichen Abstand spüren, der den Seher an der Himmelstür vom Thron Gottes trennt.

Und in der Mitte, rings um den Thron, waren vier Lebewesen voller Augen, vorn und hinten. Das erste Lebewesen glich einem Löwen, das zweite einem Stier, das dritte sah aus wie ein Mensch, das vierte glich einem fliegenden Adler. Und jedes der vier Lebewesen hatte sechs Flügel, außen und innen voller Augen ... (4,6–8).

Johannes wird hier angeregt durch die Vision der vier Lebewesen bei Ezechiel (Ez 1,1) und durch die Vision des Jesaja (Jes 6,1 f). Wieder gibt es Überlagerung und Synthese. Die Tatsache, daß Johannes seine Vision in vom Alten Testament hergenommenen Worten ausdrückt, schließt keineswegs aus, daß er eine ursprüngliche Erfahrung gehabt haben konnte. Er drückt sie aus, wie er kann, mit der Sprechweise, die sich ihm anbietet: Ezechiel, Jesaja. Er nimmt Bestandteile auf, die ihm und seinen Hörern bekannt sind. Was bedeuten die vier Lebewesen? Eine sehr alte Tradition sieht in ihnen die vier Evangelisten, aber diese Sicht ist bestimmt nicht in der Exegese begründet. Es ist der Kosmos, den sie darstellen. Die Zahl Vier ist die althergebrachte Zahl des Universums. Johannes wird von »Winden der vier Ecken der Erde« (7,1) sprechen. Die vier Lebewesen, über denen sich bei Ezechiel der Thron Gottes erhebt, repräsentieren die Welt.

Rings um den vom Regenbogen, dem Zeichen des Bundes, überwölbten Thron Gottes schaut Johannes die Vertreter der Heilsgeschichte, dann die den Kosmos darstellenden vier Lebewesen; Gott, der Herr der Geschichte, ist der Schöpfer-Gott.

Dann wohnt Johannes einer Liturgiefeier im Himmel bei – Sie ruhen nicht, – die vier Lebewesen – bei Tag und Nacht, und rufen:
Heilig, heilig, heilig ist der Herr, der Gott, der Herrscher über die ganze Schöpfung; er war und er ist, und er kommt.
Und wenn die Lebewesen dem, der auf dem Thron sitzt und in alle Ewigkeit lebt, Herrlichkeit und Ehre und Dank erweisen, dann werfen sich die vierundzwanzig Ältesten vor dem, der auf dem Thron sitzt, nieder und beten ihn an, der in alle Ewigkeit lebt, und legen ihre goldenen Kränze vor seinem Thron nieder und sprechen: Würdig bist du, unser Herr und Gott, Herrlichkeit zu empfangen und Ehre und Macht.
Denn du bist es, der die Welt erschaffen hat, durch deinen Willen war sie und wurde sie erschaffen (4,8–11).
In einer großen Liturgie vereinen sich wahrhaft Geschichte und Schöpfung, um Gott Ehre zu erweisen. Hier beginnt für Johannes die Offenbarung der Weltgeschichte aus der Sicht Gottes.
Das ist Eigengut der Apokalypse. Der Mensch sucht immer, eine Synthese der Geschichte von sich aus herzustellen, jetzt wird er lernen, die Geschichte vom Thron Gottes her zu betrachten. Das ist die ganz und gar feierliche Einführung dieses neuen Teils der Apokalypse.
Das Lied wiederholt die beiden Aspekte: Gott ist Schöpfer, Gott ist allmächtig, Er ist's, der die Geschichte beherrscht: Er ist »der Gott der ist, der war und der kommt«!
Das zweite Bild in der Visionsbeschreibung des Johannes beginnt mit Kapitel 5. Johannes darf den Hof, den Altar, den Thron und die himmlische Liturgie betrachten und erlebt nun wie geblendet diese Liturgie zu Ehren des lebendigen Gottes, des Schöpfers aller Dinge und Herrn der Geschichte:
Und ich sah auf der rechten Hand dessen, der auf dem

Thron saß, eine Buchrolle; sie war innen und außen beschrieben und mit sieben Siegeln versiegelt.

Und ich sah: Ein gewaltiger Engel rief mit lauter Stimme: Wer ist würdig, die Buchrolle zu öffnen und ihre Siegel zu lösen? Aber niemand im Himmel, auf der Erde und unter der Erde konnte das Buch öffnen und es lesen (5,1 bis 3).

Die Aufmerksamkeit des Johannes wird auf ein Buch gelenkt, ein versiegeltes Buch mit sieben Siegeln. Das Bild ist entlehnt von Ezechiel (Ez 2,9–10). Was für ein Buch ist es? Vor einer Antwort auf diese Frage müssen wir uns daran erinnern, daß das Buch klassischer Bestandteil der jüdischen Apokalypse ist. Die Apokalyptik kannte mehrere Arten von Büchern: das »Buch des Lebens«, in das die Erwählten eingetragen werden oder nicht (vgl. Lk 10,20; Phil 4,3; Hebr 12,23), wird von Johannes mehrfach erwähnt (3,5; 20,12; 21,27). Das »Buch der Werke«, in welchem die Engel alle Taten der Menschen aufschreiben, wird am Tag des Gerichts herbeigebracht. Es ist eine der apokalyptischen Literatur eigene Darstellung: »All eure Sünden werden aufgezeichnet und alle Tage« (Apokalypse des Henoch).

Auch die Johannes-Apokalypse kennt das Buch der Werke: »Ich sah die Toten vor dem Thron stehen, die Großen und die Kleinen. Und Bücher wurden aufgeschlagen« (20,12a). Gott zieht seine Bücher zu Rate. »Auch das Buch des Lebens wurde aufgeschlagen. Die Toten wurden nach ihren Werken gerichtet, nach dem, was in den Büchern aufgeschrieben war« (20,12b).

Johannes macht zwischen den beiden Büchern einen Unterschied, er folgt hier also streng der traditionellen Darstellung der jüdischen Apokalyptik.

»Die Tafeln des Himmels« lautet ein anderer Ausdruck; man trifft ihn im Buch der Jubiläen. Diese Tafeln enthalten »im voraus endgültig festgelegt die ganze Geschichte der Welt«. Das ist eine bildhafte Weise auszudrücken, daß Gott die ganze Geschichte regiert, daß sich sein Plan trotz der Fehler der Menschen unausweichlich erfüllt und daß – ein Grund zur Hoffnung – der Mensch nicht unruhig werden soll, wenn er das Böse triumphieren sieht. Zu dieser letztgenannten Art von Büchern gehört wohl das versiegelte Buch. Dieses johanneische »Buch« zeigt jedoch mehrere Besonderheiten:

Es ist eine Papyrusrolle (ein »biblion«), eine auf beiden Seiten beschriebene versiegelte Rolle.

Ich sah ... eine Buchrolle; sie war innen und außen beschrieben, wie es bei Archivpapieren, Verträgen und Testamenten üblich war. Das Buch befindet sich in der rechten Hand Gottes: es enthält also seinen Willen. Es ist versiegelt mit sieben Siegeln wie alle Testamente nach römischem Recht.

Unter dem Eindruck solcher Analogien zur Rechtsordnung denken einige Exegeten, das Buch sei das Testament Gottes, das die Ereignisse enthalte, die in dem Buch der Reihe nach beschrieben werden. In einem Sinn ist das wahr: »Vielleicht handelt es sich um das Buch, das den Plan Gottes enthält, dargestellt in Form eines versiegelten Testaments, und Christus wäre dann dessen alleiniger Vollstrecker«, lautet die Anmerkung der TOB. Andere Exegeten sind bezüglich biblischer Analogien behutsamer: Die innen und außen beschriebene Rolle erinnert an das dem Ezechiel gezeigte Buch (Ez 2,9–10), das er verschlingen soll. Das Orakel des Jesaja (Jes 29,11) wird gegenwärtig: »So wurde für euch jede Offenbarung wie die Worte in einem versiegelten Buch: Wenn man es einem Menschen gibt, der lesen kann, und zu ihm sagt: Lies es mir vor!, dann antwortet er: Ich kann es nicht lesen, denn es ist versiegelt. Und wenn man das Buch einem Mann gibt, der nicht lesen kann, und zu ihm sagt: Lies es mir vor!, dann antwortet er: Ich kann nicht lesen.«

Endlich vergleichen wieder andere das innen und außen beschriebene Buch mit Exodus 32,15, wo gesagt wird, daß die Gesetzestafeln auf beiden Seiten beschrieben waren, und vermuten, daß das versiegelte Buch des Johannes eine Buchrolle des Gesetzes bedeutet. Es ist unmöglich, hier in eine vertiefte

Diskussion der Frage einzutreten. Sicher scheint, daß das versiegelte Buch in der einen oder anderen Weise das Buch bezeichnet, in welchem der Plan Gottes und die übernatürliche Bestimmung der Welt niedergelegt sind.

In dieser Szene wird die Aufmerksamkeit vor allem von der Frage bewegt, wer die Siegel aufbrechen könne. Ist einer da oder nicht? Findet sich jemand, ja oder nein, zum Öffnen des Buches? Die Aufmerksamkeit ist also nicht direkt auf den Inhalt des Buches gerichtet, sondern vielmehr auf die Person, der es möglich ist, dieses Buch zu öffnen.

Eine andere, gleichwertige Weise, die Frage zu stellen, wäre diese: Befinden wir uns, ja oder nein, an einem Wendepunkt und Zeitpunkt, da alles sich lösen, alles sich erfüllen, der Plan Gottes sich kundtun wird? Einige Exegeten schlagen vor, das versiegelte Buch mit dem Alten Testament gleichzusetzen. Die Bibel selbst sei das versiegelte Buch. Diese Auslegung wird in der TOB angegeben: »Nach einer seit dem III. Jahrhundert bezeugten Interpretation handelt es sich um das Alte Testament, dessen Enthüllung und Verwirklichung Christus ist.«

Schon im III. Jahrhundert, bei Hippolyt und Origenes wird diese Lösung vorgebracht. Cerfeaux sieht in ihr den Vorteil, daß sie zugleich auch eine Deutungsmethode für zumindest einige Visionen der Apokalypse liefert. Diese Erklärung des versiegelten Buches als Symbol des Alten Testaments verträgt sich gut mit der Tatsache, daß es einer der vierundzwanzig Ältesten ist, der Johannes tröstet, indem er sagt:

Weine nicht! Gesiegt hat der Löwe aus dem Stamm Juda, der Sproß aus der Wurzel Davids; er kann das Buch und seine sieben Siegel öffnen (5,5).

Als fähig das Buch zu öffnen, erklärt der Älteste »den Löwen aus dem Stamm Juda«, den Nachkommen Davids. Der Ausdruck »Löwe aus dem Stamm Juda« verweist zurück auf den Segen Jakobs über seine Söhne (Gen 49,1–28). In seinem Segen nennt Jakob den Juda »einen Löwen«. Der Ausdruck »Sproß aus der Wurzel Davids« verweist zurück auf Jesaja

11,1, die berühmte Weissagung vom Stamm des Isai. Durch zwei Propheten des Alten Testament wird die Person bezeichnet, die fähig ist, das Buch zu öffnen. Der Älteste gibt den Grund an, warum der »Löwe« das Buch öffnen kann: er hat gesiegt. Dieser Sieg, von welchem hier die Rede ist, ist wohlverstanden der Sieg Christi über den Tod am Ostertag.

Ein Vertreter des Volkes Israel sucht zu erfahren, wer fähig ist, das Buch zu öffnen. Derjenige, der als fähig bezeichnet wird, ist der vom Volk Israel erwartete Messias, aufgrund seines Sieges: Ostern.

Christus ist fähig, das Buch zu öffnen, weil er der erwartete Messias ist, und weil er sich als solcher am Ostertag durch seinen Sieg über den Tod offenbart hat.

Wie ist alsdann zu verstehen, daß Johannes das Öffnen der Siegel mit den endzeitlichen Plagen verbindet? Man darf nicht aus dem Blick verlieren, daß diese eschatologischen Ereignisse direkt mit dem Oster-Sieg verbunden sind: Durch seinen Erlösertod hat Christus die Schriften erfüllt, die Endzeit eröffnet, die Welt eilt nunmehr ihrem Ende entgegen.

Wenn diese Deutung des versiegelten Buches zutrifft, dürfen wir sogar sagen: Christus ist nicht allein derjenige, der das Buch empfängt und der es öffnet, sondern er selbst ist auch der Inhalt des Buches. Er ist der Offenbarende und der Offenbarte.

Das ist der dramatische Beginn der Szene: Keiner findet sich, für die Bibel den Schlüssel zu geben, den Schlüssel für das Alte Testament, den Schlüssel für das Buch, das den Plan Gottes enthält und unsere Bestimmung. Der Älteste hat nun soeben erklärt, daß es jemand gibt. Wo aber ist dieser Jemand?

> Und ich sah: Zwischen dem Thron und den vier Lebewesen und mitten unter den Ältesten stand ein Lamm; es sah aus wie geschlachtet und hatte sieben Hörner und sieben Augen; die Augen sind die sieben Geister Gottes, die über die ganze Erde ausgesandt sind (5,6).

Es ist Christus, der da erscheint, wie geschlachtet, »zwischen

dem Thron und den vier Lebewesen«, das heißt im göttlichen
Bereich, bei Gott, im Zentrum der Welt; und »inmitten der
Ältesten«, im Zentrum der Heilsgeschichte. Christus ist plötz-
lich da, er erscheint in göttlicher Glorie, im Zentrum des
Kosmos, im Herzen der Geschichte.

. . . stand ein Lamm.

Diese Darstellung des aufrecht stehenden Christus ist offensichtlich verbunden mit der Idee des Triumphes, der Auferstehung. Jetzt steht er »aufrecht« im Himmel, er steht im Bereich des göttlichen Thrones als Sieger über den Tod, aber er
sieht aus wie geschlachtet. Das Lamm trägt die Wundmale
seiner Opferung, die Zeichen der Passion. Das Vorhandensein der Wundmale am Leib des verherrlichten Christus ist
kennzeichnend für das johanneische Denken: Jesus erscheint
inmitten seiner Jünger und zeigt ihnen seine Hände und seine
Seite (Joh 20,19 ff). Im Lukasevangelium ist das Zeigen der
Wundmale beschrieben. Im Unterschied zum Blickwinkel des
Johannes soll dieser Gestus des Zeigens der Male die Zweifel
der Apostel an der Wirklichkeit der Auferstehung zerstreuen.
»Sie meinten, einen Geist zu sehen. Da sagte er zu ihnen:
»Seht meine Hände und Füße an« (Lk 24,36–43). Johannes
will in seinem Evangelium vor allem die Identität des Ge-
kreuzigten und des Auferstandenen bekräftigen, zeigen, daß
der Ostertag die andere Seite der »Stunde« Christi ist. Der
Gekreuzigte und der Verherrlichte sind derselbe. Christus
ist die Quelle des Heils; das inkarnierte Wort, das ist der
Christus. »Er ist nicht nur im Wasser gekommen, sondern
im Wasser und im Blut« (1 Joh 5,6–9). Johannes bestätigt
das Kommen Christi im Fleisch gegen die Gnostiker, die behaupten, auch ohne die Inkarnation auszukommen. Aus Gott
geboren ist, wer an Christus glaubt, der im Fleisch gekommen
ist. Gegen allen Doketismus bekräftigt Johannes, daß das
Heil zu uns gekommen ist durch den, der unsere irdischen
Lebensbedingungen angenommen hat, der »Fleisch geworden ist«, das heißt: schwache und sterbliche Kreatur. Das ist
hier dieselbe ganz und gar zentrale Idee in der johanneischen

Theologie, die im Bild einer symbolhaften Sprechweise ausgedrückt wird: Derjenige, der uns im Himmel vertritt, der als der Erste uns vorausging als der Erstling der erlösten Menschheit, er ist es, der unter uns gelebt hat, den wir getötet haben und der unser Retter ist; er ist in unsere Geschichte eingetreten und kommt wieder und gehört zu uns als Geopferter. Wenn er das Buch des Alten Testaments öffnen kann, dann genau deswegen, weil er das geschlachtete Lamm ist. Dieses Lamm

> hat sieben Hörner.

Die Hörner sind Symbol der Macht, und die Zahl Sieben zeigt die Fülle, das Lamm ist zu betrachten als mit der göttlichen Allmacht bekleidet. Und das Lamm

> hat sieben Augen; die Augen sind die sieben Geister Gottes, die über die ganze Erde ausgesandt sind.

Gewöhnlich bezeichnen die sieben Augen die Allwissenheit Gottes (Sach 4,10). Die Augen sind Lichter, leuchtende Fakkeln, die die Gegenstände erkennen lassen (Mt 6,22–23). Die sieben Augen stellen die sieben Geister dar: durch sie wird das Lamm alle Völker erleuchten. Das Thema »Erleuchtung« kehrt später wieder in 21,23. Die Augen dürfen nicht allein und für sich und vielleicht nicht an erster Stelle als Symbole des Wissens und der Macht betrachtet werden, aber als solche der Erleuchtung. Beide Bedeutungen stimmen im innersten überein. Sacharja (4,2.10) sieht sieben Lampen ... sieben Augen des Herrn, die über die ganze Erde schweifen. Diese Augen besagen, daß Gott durch seinen Geist handeln wird. Sie sind also Symbol des allumfassenden Handelns des Herrn, der die Welt erleuchtet. Die Übereinstimmung der sieben Augen und der sieben Geister ist dem Einfluß von Jesaja 11,2 zu verdanken, wo der Messias sieben Geister hat, was die Fülle des Geistes meint.

> »Der Geist des Herrn läßt sich nieder auf ihm: Der Geist der Weisheit und der Einsicht, der Geist des Rates und der Stärke, der Geist der Erkenntnis und der Gottesfurcht.«

Johannes benutzt hier wieder die Methode der Überlagerung:

Sacharja, Jesaja werden übertragen auf die Vision des Lammes. Das Lamm besitzt in sich die Fülle des Heiligen Geistes, insofern es der siegreiche Messias ist. Diese Fülle des Geistes bezeichnet es als den Messias. Hier gibt es wiederum eine Übereinstimmung mit dem Johannesevangelium. In der Szene nach der Taufe Jesu sagt Johannes der Täufer, daß er das »Lamm Gottes« erkannt hat, weil »der Geist vom Himmel herabkam ... und auf ihm blieb« (Joh 1,32–34). Dieses Verbum »auf ihm bleiben« kommt möglicherweise von Jesaja 11,2: »Der Geist des Herrn läßt sich nieder auf ihm«, dem Messias, dem Reis aus der Wurzel Isais, um zu zeigen, daß er die Fülle des Gottesgeistes besitzen wird.

Das Lamm trat heran und empfing das Buch aus der rechten Hand dessen, der auf dem Thron saß. Als es das Buch empfangen hatte, fielen die vier Lebewesen und die vierundzwanzig Ältesten vor dem Lamm nieder (5,7–8).

Es entwickelt sich eine ganze Liturgie zur Glorie des Lammes, um es zu preisen, daß es würdig ist, das Buch zu empfangen und die Siegel aufzubrechen: weil es geopfert wurde. Der Tod und die Auferstehung Christi sind der Grund, warum er fähig ist, das Buch Gottes zu öffnen.

Diese Szene ist der einzige Text der Schrift, wo der Verfasser die Kühnheit besitzt, die Auferstehung aus himmlischer Sicht darzustellen.

Gegen Ende des Matthäusevangeliums wird eine Grobskizze der Auferstehung Christi gegeben durch eine eschatologische Beschreibung der Ereignisse auf kosmischer Ebene: Die Erde bebt, die Gräber öffnen sich ...

In der Apokalypse beschreibt Johannes die Ankunft Christi im Himmel, bildhafte Beschwörung des Ostermysteriums in seinem Ziel, jenseits der Auferstehung: Christus kommt, aufrecht, als Sieger.

Christus wird als Befreier gefeiert, als Retter, der die Menschheit befreit, der von der Sklaverei loskauft.

Er erlöst die Menschheit, genau wie das in die Sklaverei Ägyptens weggeführte jüdische Volk erlöst worden war. Gott macht uns zu einem freien Volk. Die Erlösung macht uns frei für den Dienst Gottes: Du hast

> Menschen für Gott erworben aus allen Stämmen und Sprachen, aus allen Nationen und Völkern, und du hast sie für unseren Gott zu Königen und Priestern gemacht, und sie werden auf der Erde herrschen (5,9–10).

Christus hat dieses Volk befreit und aus ihm ein Volk von Königen und Priestern gemacht: »sie werden auf der Erde herrschen«. Die Liturgie weitet sich aus zur Glorie des Lammes und Gottes selbst.

Es stellt sich eine äußerst wichtige Frage: Warum wird Christus »das Lamm« genannt? Christus erschien als »ein Menschensohn«, jetzt wird er als das Lamm bezeichnet, das Lamm, welches Erlöser ist.

Zur Antwort auf das Warum und den wirklichen Sinn dieser Bezeichnung sprechen einige Autoren den Symbolismus des Lammes in der Geschichte der Religionen oder in den Tiersymbolen der apokalyptischen Literatur an. Einige apokalyptische Bücher, zum Beispiel das Buch Henoch, enthalten äußerst reichhaltige Tiermalereien; es ist ein Vorbeimarsch von Tieren . . . In einigen Textstellen scheint der Widder den Messias zu bezeichnen. Aber woher kommt das Lamm?

Erinnern wir uns an die Meinung der Exegeten, die den Ursprung des Bildes in der Bibel, genauer in der Gestalt des Gottesknechtes bei Jesaja erblicken. Vom Knecht wird gesagt, daß er zu Tode gebracht wurde »wie ein Lamm zur Schlachtbank« (Jes 53,7). Der Vergleich des Gottesknechtes mit dem Lamm genügt nicht, um schon von sich aus eine annähernde Übereinstimmung des Lammes bei Sankt Johannes mit dem Knecht des Jesaja zu rechtfertigen. Tatsächlich wäre das nur ein Vergleich. Dagegen wollen wir festhalten, daß Jesaja 53, wo es sich gewiß nur um ein Vergleichen handelt, mit Levitikus 14,10f zu verbinden ist, wo die Reinigung eines Aussätzigen beschrieben wird. Der Gottesknecht (Jes 53) wird beschrieben als ein Aussätziger, der sein ârhâm opfert. Er bringt in eigner Person das Reinigungsopfer dar. Dieser

Gottesknecht ist der Aussätzige, der die Welt von ihrem Aussatz reinigt, das heißt von der Sünde; er ist das Lamm des Reinigungsopfers.

Das Bild vom Lamm, das die Sünde der Welt hinwegnimmt, ist eine Synthese von Jes 53. In der Apokalypse bezeichnet Johannes den Christus als Lamm Gottes unter Bezugnahme auf Jes 53, der leidende Knecht ist das wahre Lamm, das die Sünde der Welt hinwegnimmt. Wir dürfen sogar soweit gehen zu sagen, daß in der Apokalypse der Christus wahrhaftig der von Jesaja beschriebene Knecht ist.

Christus wird als Lamm bezeichnet, insofern er das siegreiche Schlachtopfer des österlichen Opfers ist, aber auch weil er das Osterlamm ist. »Das geschlachtete Lamm ist das Grundmotiv der Apokalypse«, schreibt Otto Michel; er weist hin auf den scheinbaren Widerspruch: Letzte Selbsthingabe des Opferlammes und bleibende Wirkung seines Todes für die Kirche und für die Welt.

Die Vereinigung (Überlagerung) der beiden Bilder ist in der Apokalypse genauso wie im Evangelium absolut wesentlich. In der Idee des Lammes gibt es nicht nur ein Ineinanderfließen von zwei Bildern, sondern vielmehr eine Vereinigung von zwei großen Linien des Alten Testaments: der prophetischen Linie (Jesaja) und der liturgischen Linie des Osterlammes; so dürfen wir sagen, daß sich in Christus Geschichte und Kult vollenden.

Diese Beziehung zum Osterlamm wird bestätigt im Loblied auf das Lamm (5,9), wo gesagt wird: Du hast mit deinem Blut Menschen für Gott erworben aus allen Stämmen und Sprachen, aus allen Nationen und Völkern ... Im Exodus ist das Blut des Lammes das Mittel des Heils für Israel, Zeichen für seine Bewahrung, seine Erlösung. Beachten wir gleichfalls dieses Wort: »Du hast erworben«, welches im Exodus als typischer Ausdruck für die Befreiung Israels verwendet wird.

Andererseits wird das Blut des Lammes dargeboten als das Blut des Bundes. »Durch dein Blut hast du nicht nur Menschen für Gott erworben, sondern sie für unsern Gott zu Königen und Priestern gemacht.« Das Lamm ist das liturgische und apokalyptische Gleichnisbild des Gottesknechtes, und das ist Christus.

Das Lamm empfängt diese große Huldigung für sein göttliches Handeln, für das Erlösungswerk. Die folgenden Szenen sind Konsequenzen aus der Öffnung des Buches.

Die Öffnung der Siegel (Apokalypse 6):

Die vier Plagen, die Ära der Endzeit

Dann sah ich:

Das Lamm öffnete das erste der sieben Siegel, und ich hörte das erste der vier Lebewesen wie mit Donnerstimme rufen: Komm! Da sah ich ein weißes Pferd; und der, der auf ihm saß, hatte einen Bogen. Ein Kranz wurde ihm gegeben, und als Sieger zog er aus, um zu siegen.

Der Krieg

Als das Lamm das zweite Siegel öffnete, hörte ich das zweite Lebewesen rufen: Komm! Da erschien ein anderes Pferd; das war feuerrot. Und der, der auf ihm saß, wurde ermächtigt, der Erde den Frieden zu nehmen, damit die Menschen sich gegenseitig abschlachteten. Und es wurde ihm ein großes Schwert gegeben.

Der Hunger

Als das Lamm das dritte Siegel öffnete, hörte ich das dritte Lebewesen rufen: Komm! Da sah ich ein schwarzes Pferd; und der, der auf ihm saß, hielt in der Hand eine Waage. Inmitten der vier Lebewesen hörte ich etwas wie eine Stimme sagen:

Ein Maß Weizen für einen Denar und drei Maß Gerste für einen Denar. Aber dem Öl und dem Wein füge keinen Schaden zu!

Die Pest

Als das Lamm das vierte Siegel öffnete, hörte ich die Stimme des vierten Lebewesens rufen: Komm! Da sah ich ein fahles Pferd.

Der Tod

Der auf ihm saß, heißt »der Tod«; und die Unterwelt zog hinter ihm her. Und ihnen wurde die Macht gegeben über ein Viertel der Erde, Macht, zu töten durch Schwert, Hunger und Tod und durch die Tiere der Erde (6,1–8).

Vier Reiter erscheinen auf Zuruf der vier Lebewesen. Handelt es sich um vier Plagen? Wir zögern, es sofort zu sagen, weil man über die Bedeutung des ersten Reiters streitet. Die Deutungen sind ganz und gar gegensätzlich.

Die einen sagen, dieser Reiter könne ein Symbol des Evangeliums oder Christi sein, dessen Wort das Universum durcheilt und in die Geschichte eintritt als wesentliche Komponente der Geschichte der Menschen. Für andere würde es sich um dieselbe Gestalt handeln, die im Kapitel 19 beschrieben wird, das heißt um Christus, wie es klar ausgesagt wird: »Ein weißes Pferd, und der auf ihm saß ... sein Name heißt: Das Wort Gottes (19,11–13).

In beiden Fällen handelte es sich also um Christus oder um das Wort Christi, welches die Welt erobern wird. Diese Deutung ist äußerst umstritten.

Eine andere Deutung sieht hier den Antichrist: Der Reiter gehört zu den Plagen, er ist die erste der endzeitlichen Plagen und kann doch nicht Christus darstellen. Es könnte eine Art Symbol Gottes sein im Augenblick der Entfesselung der endzeitlichen Plagen.

Diese Deutung kann sich auf das Lied des Habakuk stützen, der eine große Theophanie beschreibt: Gott erscheint zum Gericht:

»Seine Hoheit überstrahlt den Himmel, sein Ruhm erfüllt die Erde.

Er leuchtet wie das Licht der Sonne, ein Kranz von Strahlen umgibt ihn, in ihnen verbirgt sich seine Macht.

Die Seuche zieht vor ihm her, die Pest folgt seinen Schritten.

Wenn er kommt, wird die Erde erschüttert, wenn er hinblickt, zittern die Völker« (Hab 3,2–6).

Du hast den Bogen aus der Hülle genommen, du hast die Pfeile auf die Sehne gelegt.

Du spaltest die Erde . . .

dich sehen die Berge und zittern . . .

Sonne und Mond bleiben in ihrer Wohnung; sie vergehen im grellen Licht deiner Pfeile, im Glanz deiner blitzenden Lanze.

Voll Zorn . . . zerstampfst du die Völker . . . (Hab 3,9–12).

Zwar blüht der Feigenbaum nicht, an den Reben ist nichts zu ernten, der Ölbaum bringt keinen Ertrag, die Kornfelder keine Frucht; im Pferch sind keine Schafe, im Stall kein Rind mehr . . . (Hab 3,17).

Die drei Plagen: Krieg, Hunger und Pest finden sich wieder in der Apokalypse. Der erste Reiter würde der Beschreibung Gottes als Bogenschütze entsprechen, der die endzeitlichen Plagen entfesselt (vgl. Ez 5,17; 14,13–21; Jer 15,2–4): Gott als Richter der Endzeit.

Die vier Reiter stellen in bildhafter Sprechweise das Kommen Gottes zum Gericht dar. Von diesen drei Deutungen scheinen die beiden letzten eher annehmbar, die erste nicht haltbar.

Als er das fünfte Siegel öffnete, sah ich unter dem Altar die Seelen aller, die hingeschlachtet worden waren wegen des Wortes Gottes und wegen des Zeugnisses, das sie abgelegt hatten. Sie riefen mit lauter Stimme: Wie lange zögerst du noch, Herr, du Heiliger und Wahrhaftiger, Gericht zu halten und unser Blut an den Bewohnern der Erde zu rächen? Da wurde jedem von ihnen ein weißes Gewand gegeben; und ihnen wurde gesagt, sie sollten noch kurze Zeit warten, bis die volle Zahl erreicht sei durch den Tod ihrer Mitknechte und Brüder, die noch sterben müßten wie sie (6,9–11).

Im selben Augenblick, da das endzeitliche Unheil losbricht, da das Gericht Gottes nahe ist, ertönt die Stimme der Märtyrer, der Zeugen, derer, die »Opfer des Tieres« geworden sind. Die Stimme all dieser Unterdrückten ruft aus: »Wie lange noch, Herr?«... oder anders: Was wartest du, um dem Übel ein Ende zu machen?

Dieser Ausdruck gequälten Bittens der Märtyrer setzt uns in Erstaunen, wenn auch aus etlichen Psalmen diese Anrufungsweise bekannt ist. »Wie lange noch« wird im Alten Testament formelhaft gesagt.

Durch den Schrei hindurch ist eine der schwersten Fragen der Urkirche gestellt, eine Frage, vor der keine der folgenden Generationen bewahrt worden ist und die unsere Frage bleibt: Beunruhigende Verzögerung der Wiederkunft des Herrn. Wird das Zeugnis der Märtyrer nicht nutzlos gewesen sein, da doch der Lauf der Geschichte keine Lösung für ihr Opfer herbeiführt? Selbst die Toten kommen dazu, sich zu fragen, ob, ja oder nein, ihr Sterben sinnlos war! Es wird hier nicht eine persönliche Entschädigung für den einzelnen der Märtyrer eingeklagt, sondern die eindeutige Bekundung des Planes Gottes für diejenigen, die eines Tages ihr Leben geopfert haben. Die Antwort auf diese Fragen wird gegeben: Sie empfangen ein weißes Gewand, das des Siegers. Nichts ist verloren, ihr Blut ist nicht vergeblich vergossen. Sie sind in Wirklichkeit die Sieger. Das ist schön und gut, eine Ermutigung. Sie werden gebeten, noch eine kurze Zeit Geduld zu haben. Wie schnell ist der Lauf der Geschichte angesichts der Ewigkeit der Pläne Gottes! So lautet die doppelte göttliche Antwort: ein weißes Gewand, Zeichen, daß ihr Opfer ein Sieg gewesen ist, und die Bitte um eine kurze Zeit Geduld, solange bis die volle Zahl der Zeugen, der Märtyrer erreicht ist. Dann kommt die Errettung. Diese Erwartung des Tages, an dem die Märtyrer vollzählig sind, erscheint als das geheimnisvolle Gesetz, das den ganzen Ablauf der Geschichte regelt. Die ersten Christen erwarteten daher, daß Christus schnell in Herrlichkeit käme und daß das auserwählte Volk mit ihm erscheine. Aber Martyrium und Verfolgung folgten aufeinander ... Das war, menschlich gesprochen, die Katastrophe.

Ein Hauptproblem wird in einer Art und Weise genannt, die uns erstaunt, genau im Stil der apokalyptischen Tradition. Warum tritt dein Volk nicht sein Erbe an im Land der Verheißung? Dieser Gedanke beherrscht alle Überlegungen der ersten Christen: Christus hat leiden müssen (Lk 24,26), die Christenheit weiß das gut. Aber jetzt muß sie ihrerseits leiden. Es ist praktisch dieselbe offensichtliche Niederlage, menschlich gesprochen, wie am Karfreitag-Abend. Jeder Christ soll bereit sein zum Martyrium, denn die Christen sind dazu berufen, Glieder des Leibes Christi zu werden, indem sie teilhaben an seinem Tod und seiner Auferstehung. Sie können diese priesterliche Vereinigung mit ihrem Herrn nicht besser ausdrücken als dadurch, daß sie die Leiden und die Glorie des Martyriums akzeptieren. Das ist eine sehr konkrete Tröstung, die an die Kirche ergeht. Daß sie aber diese Gewißheit besitzt, das ist eine Gnade, die ihr Herz stark macht.

Von jetzt an kann man am Horizont die große Vollendung erkennen: Der Tag ist nicht fern, da die Feinde Gottes gerichtet werden, die die Seinen der Verfolgung und dem Tod unterwarfen.

In seiner unveränderlichen und geheimnisvollen Souveränität über die Welt führt Gott sehr fest die Zügel der Geschichte, die an ihr Ende gekommen ist; das ist der große Trost dieser kurzen Szene. Kein »Blutzeuge« ist bei Gott vergessen. Die Märtyrer der Vergangenheit und der Zukunft, sie alle haben ihren Platz im Plan Gottes.

Die Antwort lautet also: Das Martyrium hat eine Bedeutung, und Gott wartet seine Stunde ab, um den Sinn des Geheimnisses vom Kreuz und seiner scheinbaren Niederlage kundzutun. So kündigen in diesem Kapitel 6 die vier endzeitlichen Plagen den Eintritt in die endzeitliche Ära an.

Und ich sah: Das Lamm öffnete das sechste Siegel.
Da entstand ein gewaltiges Beben. Die Sonne wurde
schwarz wie ein Trauergewand, und der ganze Mond
wurde wie Blut. Die Sterne des Himmels fielen herab auf
die Erde, wie wenn ein Feigenbaum seine Früchte abwirft,
wenn ein heftiger Sturm ihn schüttelt. Der Himmel ver-
schwand wie eine Buchrolle, die man zusammenrollt, und
alle Berge und Inseln wurden von ihrer Stelle weggerückt.
Und die Könige der Erde, die Großen und die Heerfüh-
rer, die Reichen und die Mächtigen, alle Sklaven und alle
Freien verbargen sich in den Höhlen und Felsen der Berge.
Sie sagten zu den Bergen und Felsen: Fallt auf uns und ver-
bergt uns vor dem Blick dessen, der auf dem Thron sitzt,
und vor dem Zorn des Lammes; denn der große Tag ihres
Zornes ist gekommen. Wer kann da bestehen? (6,12–17)
Diese letzte Plage zeigt die Erschütterung des gesamten Universums. Die vier Reiter stellten die Plagen dar, welche die
Menschen und die Völker bedrängen. Hier ist es das ganze
Universum, das bei der Ankunft Gottes erschüttert wird. Mitten in diesem Umsturz sind die Märtyrer da als Zeugen der
wahren Bedeutung dieses neuen Abschnittes der Menschheits-
geschichte.
Die Plagen bedeuten, daß das Gericht Gottes kommt. Mehr
nicht. Nur dies zu sehen ist wesentlich. Wir dürfen nicht,
wie man es getan hat, nach konkreten und genauen Anspielungen auf die Geschichte suchen, auf Ereignisse, die unver-
mutet eingetreten sind oder kommen werden. Der Bericht
von der Öffnung der Siegel liegt sehr nahe bei der eschatologischen Predigt der synoptischen Evangelien: Das Gericht
Gottes kommt.

2. Kapitel   In Trübsal versammelt, wird die Kirche in Verfolgungen gesandt

Das neue Israel inmitten der Völker

Im Kapitel 7 der Apokalypse finden wir zwei Darstellungen des Gottesvolkes. Das erste Bild beschreibt das wahre Israel (7,1–8); ein zweites, unmittelbar folgend, sagt genauer, daß das wahre Israel sich nicht auf das Gottesvolk, dem Fleisch nach beschränkt, sondern sowohl Juden wie Heiden umfaßt (7,9–10).

Selbstverständlich haben die Exegeten da einen Diskussionsgegenstand gefunden. Die einen sind für eine radikale Unterscheidung zwischen den beiden Bildern, indem sie betonen, daß das erste nur die erlösten Juden betrifft, da es ja nur das gläubige Israel beschreibt; das zweite Menschen »aller Völker« einschließt: zu diesem gläubigen Israel des Neuen Bundes kommen die christlich gewordenen Heiden hinzu. Johannes mache ja einen Unterschied beim neuen Israel zwischen den Christen aus dem Judentum und denen aus dem Heidentum. Diese Deutung ist schwerlich anzunehmen.

Es handelt sich, so scheint es, in beiden Fällen um dieselbe Wirklichkeit, nur von zwei unterschiedlichen Blickpunkten aus gesehen; das erste Bild zeigt das wahre Israel; das zweite sagt genauer, daß dieses neue Israel neue Mitglieder aus der ganzen Welt bekommt, Juden und Heiden. Es ist dasselbe Volk, aber im ersten Bild betrachtet als mit Gottes Siegel bezeichnet, im zweiten als Sieger triumphierend im Himmel. Die TOB ist dieser Meinung: »Die Aufzählung der Verse

5–8 läßt an bekehrte Juden denken zum Unterschied von der unzählbaren Menge (Verse 9 bis 10), der Christen aus dem Heidentum. Wahrscheinlich handelt es sich um die Gesamtheit des Volkes Gottes, hier zunächst aufgezählt nach dem Typus, der durch das Israel der Wüste vorgegeben ist, und dann betrachtet in seiner himmlischen und glorreichen Vollendung.«

Im ganzen Verlauf des Kapitels 7 wird genauer beschrieben, daß Gott dieses Volk durch Leiden und Kreuz zusammenholt. Denn Johannes sieht im Himmel diese unzählbare Menschenmenge »in weißen Gewändern und mit Palmen in den Händen« (Vers 9) und erfährt von einem der Ältesten, daß sie aus der großen Prüfung kommen:

Da fragte mich einer der Ältesten: Wer sind diese, die weiße Gewänder tragen, und woher sind sie gekommen? Ich erwiderte ihm: Mein Herr, das mußt du wissen. Und er sagte zu mir: Es sind die, die aus der großen Bedrängnis kommen; sie haben ihre Gewänder gewaschen und im Blut des Lammes weiß gemacht. Deshalb stehen sie vor dem Thron Gottes und dienen ihm bei Tag und Nacht in seinem Tempel (7,13–15).

Johannes bestätigt, daß er es nicht weiß, daß die Weißgewandeten jene sind, welche die große endzeitliche Prüfung bestanden haben. Zur Prüfung gehört auch die Verfolgung. Sie haben das weiße Gewand des Siegers, weil sie ihr Gewand gewaschen und im Blut des Lammes weiß gemacht haben. Wir können hierin vielleicht, wie später im Bild des Siegels, eine Anspielung auf die Taufe erblicken.

Darauf folgt dieser wunderbare Abschluß mit Worten der Tröstung, wie Johannes sie von Zeit zu Zeit in der Apokalypse zu geben weiß:

Und der, der auf dem Thron sitzt, wird sein Zelt über ihnen aufschlagen (7,15).

Diese feierliche, von einer Liturgie des Laubhüttenfestes her beschriebene Prozession erinnert an die Zeit, da das Volk Gottes in Zelten lebte, um zu bestätigen, daß diese Zeit nun-

mehr vorbei ist, die Zeit der Wüste ist vorüber, die Zeit des
Hungerns und Dürstens ist zu Ende:

Sie werden keinen Hunger und keinen Durst mehr leiden,
und weder Sonnenglut noch irgendeine sengende Hitze
wird auf ihnen lasten. Denn das Lamm in der Mitte vor
dem Thron wird sie weiden und zu den Quellen führen,
aus denen das Wasser des Lebens strömt, und Gott wird
alle Tränen von ihren Augen abwischen (7,16–17).

Es scheint, daß Gott durch diese tröstliche und friedvolle
Vision seinem Volk wieder Mut machen will: zu vertrauen,
wenn erneut Plagen hereinbrechen und alles schrecklich und
fürchterlich wird. Ausgerechnet inmitten solcher Bedräng-
nisse versammelt Gott sein Volk für die ewige Festfeier, zur
ersehnten innigen Verbindung mit ihnen: Er wird »sein Zelt
über ihnen aufschlagen«. Wieder hören wir hier das Verspre-
chen Gottes an die Kirche von Laodizea: »Ich werde eintreten und mit ihm Mahl halten und er mit mir« (3,20).

Als das Lamm das siebte Siegel öffnete, trat im Himmel
eine Stille ein, etwa eine halbe Stunde lang . . . (8,1).

Man hat oft nach diesem halbstündigen Schweigen gefragt.
In der prophetischen Tradition ist das Schweigen für gewöhnlich das Vorzeichen einer Gotteserscheinung. Solches Schweigen finden wir bei Habakuk, vor der Gotteserscheinung,
wenn Gott mit seinen Pfeilen kommt:

»Der Herr aber wohnt in seinem heiligen Tempel.
Alle Welt schweige in seiner Gegenwart« (Hab 2,20).

Solches Schweigen finden wir bei Zefanja (1,7) und Sacharja
(2,17).

Nicht nur, daß ein Kommen Gottes durch das Schweigen
angekündigt wird, sondern das Schweigen ist Zeichen dafür,
daß der Tag Gottes nahe ist. Und dieser Tag Gottes ist das
Gericht.

Aber warum hat dieses Schweigen die Dauer einer halben
Stunde? Die angebrochene Stunde ist wie jeder Bruch, besonders in der Apokalypse, Zeichen der Krise, des Ungleich-
gewichts: Es fehlt etwas. Diese Halbstündigkeit gibt dem

Schweigen einen feierlichen Aspekt, es bereitet Furcht. Gott kommt zu seinem Tag, die Zeit der Krise ist da, die Menschen sollen besonders achtsam sein.

Dann findet die feierliche Ouvertüre zur zweiten »Sieben« statt: zu den Posaunen. Mit der ersten Sieben, den Siegeln, begann die eschatologische Zeit, die Endzeit, die sich über alle Zeiten erstrecken wird bis zur Wiederkunft des Herrn.

Und ich sah: Sieben Engel standen vor Gott; ihnen wurden sieben Posaunen gegeben. Und ein anderer Engel kam und trat mit einer goldenen Räucherpfanne an den Altar; ihm wurde viel Weihrauch gegeben, den er auf dem goldenen Altar vor dem Thron verbrennen sollte, um so die Gebete aller Heiligen vor Gott zu bringen. Aus der Hand des Engels stieg der Weihrauch mit den Gebeten der Heiligen zu Gott empor.

Dann nahm der Engel die Räucherpfanne, füllte sie mit glühenden Kohlen, die er vom Altar nahm, und warf sie auf die Erde; da begann es zu donnern und zu dröhnen, zu blitzen und zu beben (8,2–5).

Der Verlauf der Offenbarung wird markiert durch Donner; man könnte sich fragen, ob nicht sozusagen ein Schlag auf den Gong den jeweils nächsten großen Abschnitt der Apokalypse ansagen soll, denn jeder beginnt mit Donnern.

Dann machten sich die sieben Engel bereit, die sieben Posaunen zu blasen.

Der erste Engel blies seine Posaune. Da fielen Hagel und Feuer, die mit Blut vermischt waren, auf das Land . . . (8,6–7).

Die erste Sieben verkündigte den Anbruch der eschatologischen Zeiten. Diese zweite beschreibt die Plagen viel konkreter. Das bietet einigen Exegeten Gelegenheit, ungehemmt nach aktuellen Anspielungen zu spüren:

Die Heuschrecken sehen aus wie Rosse, die zur Schlacht gerüstet sind; auf ihren Köpfen tragen sie etwas, das goldschimmernden Kränzen gleicht, und ihre Gesichter sind wie Gesichter von Menschen, ihr Haar ist wie Frauenhaar, ihr Gebiß wie ein Löwengebiß, ihre Brust wie ein eiserner Panzer; und das Rauschen ihrer Flügel ist wie das Dröhnen von Wagen, von vielen Pferden, die sich in die Schlacht stürzen (9,7–9).

Diese Heuschrecken wurden vor etlichen Jahren als Ankündigung des Krieges und der Panzerwagen betrachtet!

Sie haben Schwänze und Stacheln wie Skorpione, und in ihren Schwänzen ist die Kraft, mit der sie den Menschen schaden, fünf Monate lang (9,10).

Die Entfesselung ist gewiß fürchterlich, hat aber immer die Bekehrung der Menschen zum Ziel. Die Menschen aber – unheilvollerweise –

wandten sich nicht ab von den Machwerken ihrer Hände: Sie hörten nicht auf, sich niederzuwerfen vor ihren Dämonen, vor ihren Götzen . . . Sie ließen nicht ab von Mord und Zauberei, von Unzucht und Diebstahl (9,20–21).

Wir erleben eine Art Erklärung der Geschichte in bezug auf die Bekehrung der Menschen, im Blick auf die Ankunft des kommenden Herrn.

Zwischen der sechsten und siebten Posaune bringt das Kapitel 10 als Intermezzo den Abschnitt über das kleine Buch. Man erwartete unmittelbar das Ertönen der siebten Posaune, aber mitten in die Plagen hinein geschieht ein Eingreifen der göttlichen Gnade. Das alles wird uns in symbolischer Sprechweise gesagt. Daher wäre ein Suchen nach historischen, die Vergangenheit oder Zukunft betreffenden Anspielungen vollkommen sinnlos. In diesem Kapitel erscheinen drei Bilder: Das Auftreten des mächtigen Engels, die sieben Donner und der Schwur, die Einsetzung als Prophet.

Der mächtige Engel (Apokalypse 10,1–2)

Wir dürfen ihn nicht verwechseln mit jenem, dem wir im Kapitel 7 begegnet sind. Er wurde in der christlichen Kunst oft dargestellt, kein anderer Engel wird in der Apokalypse in solcher Herrlichkeit beschrieben:

Und ich sah: Ein anderer gewaltiger Engel kam aus dem Himmel herab; er war von einer Wolke umhüllt, und der Regenbogen stand über seinem Haupt. Sein Gesicht war wie die Sonne, und seine Beine waren wie Feuersäulen (10,1).

Diese Vision des mächtigen Engels erinnert an die des Menschensohns und an die schon oben erwähnten Vergleiche. Die Ankunft dieses Engels bedeutet ein neues Eingreifen Gottes. Die Gestalt und gewaltige Dimension entsprechen der Wichtigkeit der Botschaft und dem Ausmaß seiner Mission. Der Bote Gottes und Überbringer des Kleinen Buches stellt seinen rechten Fuß aufs Meer und den linken auf die Erde: Gilt nicht seine Botschaft dem gesamten Universum?

Die sieben Donner und der Schwur (Apokalypse 10,3–7)

Er rief laut, so wie ein Löwe brüllt.
Nachdem er gerufen hatte, erhoben die sieben Donner ihre Stimme (10,3).

Johannes wollte soeben zu schreiben beginnen, als ein Brüllen ertönt, unmittelbar gefolgt von sieben Donnerschlägen. Warum ein »Gebrüll«? Beim Propheten Amos (1,2 und 3,8) wird die Stimme Gottes mit dem Brüllen des Löwen verglichen. Warum das siebenfache Donnern? Johannes spricht davon so selbstverständlich. Mehrere Exegeten vergleichen die sieben Donner mit der siebenfachen Erwähnung der Stimme Gottes im Psalm 29.

»Die Stimme des Herrn erschallt über den Wassern . . .
Die Stimme des Herrn ertönt mit Macht,
die Stimme des Herrn voll Majestät.
Die Stimme des Herrn zerbricht die Zedern . . .
Die Stimme des Herrn sprüht flammende Feuer,
die Stimme des Herrn läßt die Wüste erbeben . . .
von Kadesch.
Die Stimme des Herrn wirbelt Eichen empor . . .«

Der als Stimme Gottes gedeutete Donner wird siebenmal erwähnt. Die sieben Donner der Apokalypse entsprechen also der siebenfachen Erwähnung des göttlichen Donners, der alle Bereiche des Universums erschüttert: Meere, Berge, Wälder, Wüsten. Es ist eine machtvolle Bekundung der Herrschaft Gottes über die Welt. Erinnern wir uns an den Schluß desselben Psalms 29. Eine friedvolle Vision folgt auf den Donner; nach dem Gewitter der große Friede.

Als die sieben Donner gesprochen hatten, wollte ich es aufschreiben. Da hörte ich eine Stimme vom Himmel her rufen ... (10,4).

Dann nimmt Johannes seine Schreibtafel, er hat aus dem Donnern eine Botschaft herausgehört und will notieren, was sie besagt. Da hält ihn ein neues unerwartetes Eingreifen Gottes zurück.

Da hörte ich eine Stimme vom Himmel her rufen:

Halte geheim, was die sieben Donner gesprochen haben, schreib es nicht auf (10,4).

Johannes erhält Schreibverbot. Die Exegeten vergleichen die Anweisung, die Botschaft der sieben Donner geheimzuhalten, oft mit 2 Kor 2,14: Paulus hatte »unsagbare Worte« gehört, »die ein Mensch nicht aussprechen kann«. In der Apokalyptik handeln die Mitteilungen, die versiegelt werden sollen, von Dingen, deren Erfüllung noch in ferner Zukunft liegt. Weil die Stimme der sieben Donner Zukünftiges betrifft, soll Johannes es nicht aufschreiben. Eine Botschaft dagegen wird er zu verkündigen haben:

Der Engel, den ich auf dem Meer und auf dem Land stehen sah, erhob seine rechte Hand zum Himmel. Er schwor bei dem, der in alle Ewigkeit lebt, der den Himmel geschaffen hat und was darin ist, die Erde und was darauf ist, das Meer und was darin ist: Es wird keine Zeit mehr bleiben (10,5–6).

Die Szene erinnert an Daniel 12,5–7, den sie fast wörtlich wiedergibt: ein Mann vom Himmel mit exakt demselben Gestus benutzt die gleiche Formulierung.

»Es wird keine Zeit mehr bleiben«: »Es wird keine Frist

mehr bleiben!« oder besser: »Es wird keine Zeit mehr geben!«
Was meint der Schwur des Engels?

Einige Autoren denken, es besagt das Aufhören der Zeit und daß folglich die Ewigkeit beginnen werde. Aber stünde in diesem Fall nicht im Griechischen der Artikel: »Die Zeit wird es nicht mehr geben«? Nun aber lesen wir: »Es wird nicht mehr Zeit geben«, das heißt keinen Aufschub mehr. Das »Geheimnis Gottes« wird bald in Erfüllung gehen. »Das Geheimnis Gottes« bezeichnet den endzeitlichen Plan Gottes für die ganze Welt; verborgene Bestimmung, geheimgehalten bis zum Augenblick ihrer Erfüllung; die Erfüllung dieses Planes beginnt jetzt.

In den Tagen, wenn der siebte Engel seine Stimme erhebt und seine Posaune bläst, wird auch das Geheimnis Gottes vollendet sein; so hatte er es seinen Knechten, den Propheten verkündet (10.7).

Das kleine Buch und die Einsetzung als Prophet (10,8–11)

Und die Stimme aus dem Himmel, die ich gehört hatte, sprach noch einmal zu mir:
Geh, nimm das Buch, das der Engel, der auf dem Meer und auf dem Land steht, aufgeschlagen in der Hand hält.
Und ich ging zu dem Engel und bat ihn, mir das Kleine Buch zu geben. Er sagte zu mir: Nimm und iß es! In deinem Magen wird es bitter sein, in deinem Mund aber süß wie Honig. Da nahm ich das Kleine Buch aus der Hand des Engels und aß es. In meinem Mund war es süß wie Honig. Als ich es aber gegessen hatte, wurde mein Magen bitter (10,8–10).

Diese Szene der »Bibliophagie« erscheint uns ein wenig fremd; sie ist offensichtlich mit einer analogen Szene in Ezechiel 3,3 in Beziehung zu setzen. »Ein Buch essen«, das Bild ist gar nicht so fremd. Wir sagen ja auch, daß wir ein Buch verschlingen! Das Bild bleibt. Aber viel mehr als das Bild hat das Symbol eine tiefe Bedeutung. Es geht ja nicht um das

Essen des Materials (der vollgeschriebenen Blätter) des Buches, sondern sein Inhalt ist gemeint.

Johannes ist mit einer Botschaft betraut. Er muß sie sich aneignen, um sie wiederzugeben. Der Prophet muß das Wort Gottes in sich aufnehmen, damit das an ihn ergangene Wort Gottes ganz eins wird mit seinen Worten.

Was Bitternis und Süße betrifft, sind die Exegeten noch geteilter Meinung. Es ist süß und bitter, dieses Kleine Buch: Das göttliche Wort ist süß, aber die Botschaft zu bringen ist beschwerlich. Andere denken, daß das Bittere und die Süße des Buches von seinem Inhalt herrühren, der von Glück und Unglück spreche. Ich enthalte mich einer exakten Deutung des Symbols.

Und mir wurde gesagt: Du mußt noch einmal weissagen über viele Völker und Nationen mit ihren Sprachen und Königen (10,11).

Dieser Vers zeigt den Inhalt des Kleinen Buches an: Eine Prophetie für Völker, Nationen, Sprachen und Könige in großer Zahl.

Wie verhält sich das Kleine Buch zum versiegelten Buch? Einige Autoren erklären unverzüglich beide Bücher für eines und dasselbe. Das ist wohl unmöglich. Im allgemeinen unterscheidet man sie. Es scheint, daß wir hier eine prophetische Investitur vor uns haben nach dem Beispiel des Ezechiel. Johannes erhält den Auftrag, über die Nationen zu weissagen. Aber in welcher Beziehung steht dann diese Einsetzung als Prophet zu jener, die Johannes zu Beginn der Apokalypse erhielt? Es scheint sich hier um eine Art Ergänzung, Erneuerung seiner prophetischen Berufung zu handeln im Hinblick auf die zahlreichen Nationen, Völker und Könige. An dieser Stelle müssen wir einen in der Strukturanalyse der Apokalypse sehr wichtigen Standpunkt wählen. Feuillet unterscheidet streng die beiden Bücher voneinander und denkt, daß Johannes im ersten Teil der Apokalypse allein für Israel, für das Schicksal der Juden als Prophet eingesetzt worden ist. Der erste Teil der apokalyptischen Prophetie des Johannes betrachte nur das Schicksal Israels; und die eschatologischen Plagen, die in der »Sieben« der Siegel und in der »Sieben« der Posaunen beschrieben sind, beträfen nur Israel.

Dieser erste Abschnitt reicht für Feuillet bis zum Kapitel 11 mit der Szene der Ausmessung des Tempels, in welcher dem Johannes gesagt wird: Miß den Tempel Gottes, den Hof außerhalb aber nicht; denn er ist den Heiden überlassen. Wir hätten da eine genaue historische Anspielung auf die Lage und auf die Ruinen von Jerusalem am Ende einer Epoche der Geschichte Israels. Die zweite prophetische Investitur des Johannes begänne alsbald und beträfe die Heidenvölker.[1]

Wir sehen hier, wie Feuillet in der Apokalypse zwei geschichtliche Stadien unterscheidet. Johannes weissagt über Israel, um dessen Gericht anzukündigen, dann weissagt er über die Völker, um ihr Gericht anzukündigen, welches mit dem Gericht über die große Hure Babylon zu Ende geht. Diese Art einer Teilung der Apokalypse dürfte wohl kaum durchzuhalten sein. Sie wird übrigens von der TOB und anderen Exegeten abgelehnt. Tatsächlich haben die in den Kapiteln 6 und 9, in den beiden ersten »Sieben« beschriebenen Plagen, und Plagen und Verheißungen des Kapitels 7 die gleiche universelle Spannweite.

Es wäre zu leicht zu sagen, das versiegelte Buch (5) beträfe nur Israel und das Kleine Buch (10) nur die Nationen, die Kapitel 4–11 also nur das auserwählte Volk und Kapitel 12 und folgende die Nationen. Es ist meines Erachtens unmöglich, den ersten Teil auf Israel zu beschränken.

Darum scheint es, daß wir das Kleine Buch als dem Innern des großen Buches eingefügt sehen müssen, als eine Spezifizierung dieses Buches, welches die Gesamtheit der apokalyptischen Visionen umfaßt. Wie ja auch der Ausdruck: »Du mußt noch einmal weissagen über die Völker« eine Bestätigung, Erneuerung und Betonung derselben Berufung ist.

Im ersten Teil sehen wir den Herrn, inmitten der apokalyp-

---

[1] Feuillet, »Interpretation des Kapitels 11 der Apokalypse«, in Etudes johanniques, Desclée De Brouwer, 1962, pp. 248–253.

tischen Plagen, wie er das neue Israel versammelt; im zweiten Teil werden wir das Volk Gottes sehen, das vor den Völkern Zeugnis gibt für das Lamm: Zweifacher Aspekt des Geheimnisses der Kirche. Sie ist das neue Israel, mitten in eschatologischer Zeit, inmitten der endzeitlichen Entfesselung, aus allen Nationen versammelt; und sie ist die Kirche, die zu den Nationen gesandt wird, um Zeugnis zu geben vom Gericht Gottes.

Sendung der Kirche als der neue Prophet
unter den Völkern

Das Kapitel 10 bringt eine Wendung in der Apokalypse. Johannes hört, daß er noch einmal weissagen muß über Völker, Nationen, Sprachen und Könige in großer Zahl. Er muß eine neue Weissagung einleiten.

Weit davon entfernt, einen zweitrangigen Teil, ein zusätzliches Element in die Ökonomie der Apokalypse zu bringen, enthüllt das neue Element den wahren Höhepunkt. Johannes wird beauftragt, den Christen ihre Sendung als Zeugen vor den Völkern zu offenbaren. Das ist ein ganz und gar neuer Aspekt, der in gewissem Sinn die alte Prophetie überschreitet.

Die Ekklesiologie der Apokalypse wird unter zwei äußerst wichtigen Aspekten sichtbar: Die Kirche ist das versammelte und lebendige Volk Gottes. Jetzt müssen wir es sehen in seinem Verhältnis zu den Völkern, zu der Welt, die sich im Kapitel 13 zeigt, das heißt zur Welt des römischen Imperiums. Es stellt sich hier das Problem des Christen gegenüber der Welt: das ist eine neue Blickrichtung.

Das Kapitel 11 zeigt genauer zwei Menschen, zwei Symbole, in der Ausübung dieser prophetischen Sendung, die sie gegenüber Rom ausüben, gegenüber dem römischen Imperium. Sie vertreten die Gesamt-Kirche, insofern sie Prophet unter den Völkern ist, die Kirche im weltlichen Milieu aller Zeiten.

Diese neue Berufung wird in einzigartiger Weise beschrieben unter dem Symbol der Ausmessung des Tempels.

Dann wurde mir ein Meßstab gegeben, der aussah wie ein Stock, und mir wurde gesagt: Geh, miß den Tempel Gottes und den Altar, und zähle alle, die dort anbeten! Den Hof, der außerhalb des Tempels liegt, laß aus, und miß ihn nicht; denn er ist den Heiden überlassen. Sie werden die heilige Stadt zertreten zweiundvierzig Monate lang. Und ich will meinen zwei Zeugen auftragen, im Bußgewand aufzutreten und prophetisch zu reden, zwölfhundertsechzig Tage lang. Sie sind die zwei Ölbäume und die zwei Leuchter, die vor dem Herrn der Erde stehen (11,1–4).

Johannes wird angewiesen, den Tempel zu messen; dieser Tempel bezeichnet die Kirche. Diese Deutung wird von der TOB vorgeschlagen; sie gibt einen kurzen Überblick über die Meinungen zu diesem Gegenstand, aber vor allem diese Deutung:

»Die Lage Jerusalems wird hier in ihrer Ambivalenz gezeigt: »die heilige Stadt«, Typus der Kirche, noch unmittelbarer dargestellt durch den reservierten Teil des Tempels. Das irdische Jerusalem, das die Propheten und Christus getötet hat. Dieses Jerusalem ist das Bild der Welt, insofern sie Gott ablehnt.«

Die beiden Zeugen werden beauftragt, in Bußgewändern, außerhalb des Tempels zu weissagen. Gleichzeitig werden sie »Zeugen« genannt. Ihre Prophetie hat vieles gemeinsam mit einem Zeugnis. Christus nennt sie »meine zwei Zeugen« (11,3). Wegen ihres Amtes und Dienstes hält man sie für Mose und Elija. »Sie haben auch Macht, den Himmel zu schließen, damit kein Regen fällt in den Tagen ihres Wirkens als Propheten« (11,6). Das ist wohl Elija. »Sie haben auch Macht, das Wasser in Blut zu verwandeln und die Erde zu schlagen mit allen möglichen Plagen, sooft sie wollen« (11,6b). Das ist wohlverstanden Mose. Die beiden Zeugen werden den beiden größten Propheten angeglichen, den beiden Hauptzeugen des Alten Testaments. Sie tun die Zeichen, die Elija vor Israel tat und Mose vor dem Pharao und den Ägyptern. Sie werden verfolgt, angegriffen und schließlich durch das Tier getötet.

> Wenn sie ihren Auftrag als Zeugen erfüllt haben, wird sie das Tier, das aus dem Abgrund heraufsteigt, bekämpfen, besiegen und töten (11,7).

Unsere beiden Zeugen sind also wirklich Propheten im herkömmlichen Sinne des Prophetenstandes, der hier in Mose und Elija gegenwärtig ist, und das Thema lautet: Die Verfolgung der Propheten. Diese zwei Zeugen stellen die Kirche dar. Prophetie und Zeugnis sind Aufgabe der Kirche. Wir müssen hier die genaue Bedeutung der Begriffe »Zeuge« und »Zeugnis« beachten, denn es geht um eine der wesentlichen Aufgaben der Kirche und um die eigentliche apokalyptische Botschaft des Johannes. Im übrigen sind die Bezeichnungen »Zeuge« und »Zeugnis« kennzeichnend für die ganze johanneische Literatur.

Zeugnis und Martyrium in der Apokalypse sind oftmals als ein und dasselbe angesehen worden. Die Kirche der Apokalypse wurde aus diesem Grunde mit der Märtyrerkirche gleichgesetzt. Es gibt ja auch eine Beziehung zwischen Zeugnis und Martyrium, zwischen Prophetie und Martyrium. So ist zum Beispiel im Brief an die Kirche in Pergamon (2,13) die Rede von jenen, die den Glauben nicht verleugnet haben, »auch nicht, als Antipas, mein treuer Zeuge, bei euch getötet wurde«. Er ist Zeuge und Märtyrer: Das Zeugnis ist in diesem Fall mit dem Martyrium verbunden. Hier im Kapitel 11,7 wird gesagt, daß die zwei Zeugen Christi getötet werden. Von Babylon vor dem Sturz wird gesagt: »Betrunken vom Blut der Zeugen« (17,6). Hier ist der Ausdruck noch stärker und zeigt Zeugnis und Martyrium in direkter Verbindung.

Die beiden Begriffe sind jedoch nicht absolut identisch. In der Apokalypse wird der Tod niemals »Zeugnis« genannt, wie wenn der Tod selbst das Zeugnis wäre. Es wird nie gesagt, daß die Zeugen ihr Zeugnis im Tod oder durch den Tod geben. Hier im Vers 7 wird sogar gesagt: »Wenn sie ihren

Auftrag als Zeugen erfüllt haben, wird sie das Tier, das aus dem Abgrund heraufsteigt, bekämpfen, besiegen und töten.« Ihr Zeugnis war beendet, dann wurden sie getötet. Wir müssen also einen Unterschied machen und uns an den strengen Wortsinn von »Zeuge« und »Zeugnis« halten.

Im ursprünglichen Wortsinn in der griechischen Alltagssprache ist ein Zeuge jemand, der sich öffentlich äußert, um die Wirklichkeit einer Sache oder eines Geschehnisses zu beweisen. Von Christus wird gesagt: »So spricht . . . der treue und zuverlässige Zeuge« (3,14). Die Worte der Apokalypse, die eine Prophetie und ein Zeugnis sind, werden »zuverlässig und wahr« genannt (21,5). Wir können also feststellen, daß das Martyrium der Sieg des Zeugen, jedoch nicht dasselbe ist wie der Akt des Zeugnisgebens.

Die Kirche empfängt die Sendung zum Zeugnis durch das Wort vor dem Angesicht der Welt, vor den Nationen. Das Zeugnis hat eindeutigen Inhalt: »Der Zeuge« ist (einer glücklichen Formulierung folgend) eine Person, die den Fakten, Taten und Dingen eine öffentliche und offizielle Existenz gibt.

Um zu begreifen, um welches Zeugnis es sich hier handelt, müssen wir uns fragen, in welcher Auseinandersetzung, in welchem Prozeß die Kirche und die Christen zum Zeugnisgeben aufgerufen werden. Dieser Prozeß ist kein anderer als der Prozeß zwischen dem wahren Gott und den Heidenvölkern. Dieser Prozeß ist nicht von gestern, und die Propheten haben ihm viel Raum gegeben. Das Beispiel des Jesaja, von dem die Apokalypse sich ganz gewiß inspiriert, soll zur Erklärung genügen.

In Jes 40–55 beschreibt der Prophet den Prozeß zwischen Gott und den Götzen, zwischen dem wahren Gott und den falschen Göttern. Gott ruft die götzendienerischen Völker zusammen und legt ihnen die Herausforderung vor: »Wer ist der wahre Gott?« Damit ist der Prozeß anhängig. Gott entlarvt die Götzen, deren Diener die Völker sind:

»Ihr . . ., hört schweigend auf mich, ihr Völker. Wartet auf mich! Sie sollen kommen und ihre Sache vortragen, wir wollen vor Gericht gehen, alle zusammen« (Jes 41,1).

Das ist ganz und gar juristischer Wortschatz. Gott will sich selbst den Völkern gegenüberstellen. Gott beweist dann, daß er der wahre Gott ist, weil er es ist, der das Universum erschaffen hat.

»Wer hat im Osten den geweckt, dem Gerechtigkeit folgt auf Schritt und Tritt? Wer gibt ihm die Völker preis und unterwirft ihm die Könige?« (Jes 41,2)

Um zu beweisen, daß er der wahre Gott ist, genügt es für Gott dazusein, sich kundzutun; dann wird seine Herrlichkeit offenbar und mit ihr die Nichtexistenz der falschen Götter. Gott ist der souveräne Richter.

Die Zeugenaussage lautet: Gott ist, die Götter sind nicht. Daher die bei Jesaja nochmals wiederkehrende Formel: »Ich bin«. Das genügt! Im Prozeß begnügt sich Gott mit der Aussage: »Ich bin«. Er beweist es, indem er sein Volk errettet. Israel ist in diesem Sinn Zeuge Gottes als Volk. Vor den Nationen legt Israel Zeugnis ab vom lebendigen Gott. Die Apokalypse läßt sich von dieser Beweisführung des Jesaja leiten. Diesmal ist Jesus Zeuge Gottes, der Hauptzeuge; durch Jesus Christus argumentiert Gott. Wir begreifen jetzt die große Bedeutung des Titels »Zeuge«, der Christus zu Beginn der Apokalypse gegeben wurde: Jesus ist »der treue Zeuge« (1,5). In ihm bezeugt sich Gott. Durch ihn offenbart sich Gott. Er ist der einzige Zeuge; in sich faßt er die ganze Mission Israels vor der Welt zusammen. Bei Jesaja war Israel Zeuge Gottes vor der Welt. Jesus faßt diese Sendung, diese Berufung, in seiner Person zusammen: er ist ganz Israel.

Jesus Christus übt sein Zeugnisgeben durch die Christen aus; sie sind seine Knechte, seine Diener (»Minister«), aber sie sind Zeugen nur durch Teilhabe. Es gibt nur einen, der »Der Zeuge« ist: Christus. Und die Christen können Zeugnis geben nur in dem Maße, wie sie Diener Christi, mit Christus verbunden sind.

Das Zeugnis Christi und sein Wort sind identisch. Jesus

kommt als »Das Wort Gottes«. Er ist gleichzeitig das Wort, das er bringt. Er ist Ausdruck des Wortes Gottes. Daher dieser Titel: »Sein Name heißt: Das Wort Gottes« (19,13). Das Wort Gottes, das in Christus Fleisch geworden ist und das Christus zum Ausdruck bringt, ist in seiner Person identisch mit der Enthüllung des Planes Gottes, mit der »Offenbarung«, mit der Apokalypse selbst.

Die Christen sind berufen – das ist zweifellos ihr Amt – vor der Welt zu sprechen: Das ist das neue Prophetentum. »Du mußt noch einmal weissagen über viele Völker und Nationen mit ihren Sprachen und Königen« (10,11). Wir finden hier ein Wort Christi aus seiner eschatologischen Predigt wieder: Man wird euch vor die Gerichte bringen, vor die Könige . . . (vgl. Mt 24; Mk 13; Lk 21). Sie müssen durch das Wort Zeugnis geben, sie müssen vor den Völkern sprechen. Die Kirche Christi hat nicht das Recht, stumm zu sein. Die Völker, vor welchen die Kirche Zeugnis ablegen soll, ergeben zusammengesetzt das Bild einer Stadt:

Diese Stadt heißt, geistlich verstanden: Sodom und Ägypten; dort wurde auch ihr Herr gekreuzigt (11,8).

Diese Stelle ist schwierig: Wir haben gleichzeitig »die große Stadt«, womit in der Apokalypse immer Babylon, das heißt also: Rom, gemeint ist; gleichzeitig Sodom, die Stadt der Ausschweifung, und Ägypten, Land des Götzendienstes; endlich Jerusalem, die Stadt, die den Herrn gekreuzigt hat. Die Synthese ist außergewöhnlich!

Menschen aus allen Völkern und Stämmen, Sprachen und Nationen werden ihre Leichen dort sehen, dreieinhalb Tage lang; sie werden nicht zulassen, daß die Leichen begraben werden. Und die Bewohner der Erde freuen sich darüber, beglückwünschen sich und schicken sich gegenseitig Geschenke; denn die beiden Propheten hatten die Bewohner der Erde gequält (11,9–10).

Die Prophetie, das Zeugnis der zwei Zeugen quält also die Bewohner der Erde. Alle Sünden der Welt finden sich hier versammelt. Die Kirche soll Zeugnis geben vor der heidnischen und götzendienerischen Welt. Sie soll sprechen und dabei in höchstem Grade eins sein mit ihm, der – nochmals – einzig »Der Zeuge« ist: Jesus Christus.

Zeuge-Sein bis zum Ende birgt ein tödliches Risiko: Oft ist dabei das Martyrium die Folge. Die Sendung des prophetischen Zeugen kennt die Todesgefahr, Risiken, die bis zum Tod reichen. Zeugnisgeben kann zum Tod führen, ohne jedoch jedesmal mit ihm gleichbedeutend zu sein. Viel wichtiger: Der Zeuge ist Sieger. Er ist getötet worden, gewiß, aber er ist Sieger. Er ist Sieger, weil er Zeugnis gab.

Er ist Sieger schon durch die Tatsache, daß er das Wort Gottes verkündigt, weil das Wort Gottes triumphiert: Was wir bei Jesaja gesehen haben. Sprechen heißt Siegen, Schweigen heißt Besiegtwerden.

Der Zeuge ist in jedem Fall der Sieger. Denn in biblischer Sicht, die in der Apokalypse aufgenommen wird, ist der Triumphierende am Ende der Zeit, am Tag und in der Stunde des Gerichts: Das Wort Gottes. Das Wort Gottes ist immer siegreich. Darum auch geht am Ende der Apokalypse ein Reiter als Sieger von dannen; er wird durch zwei Ausdrücke der juristischen Fachsprache als Zeuge ausgewiesen. Er ist: »Der Treue und Wahrhaftige . . .« (19,11). »Und sein Name heißt: Das Wort Gottes« (19,13).

In johanneischer Sicht ist es das Zeugnis Jesu, das den Sieg herbeiführt. Das Zeugnis Jesu ist nicht zu unterscheiden vom Zeugnis der Menschen, der Diener Christi, weil sie ja nur Zeugnis geben, insofern sie mit ihm eins sind. Das Zeugnis Jesu führt den Sieg herbei, weil es seine Feinde zunichte macht. Das menschliche Wort hält nicht stand im Angesicht des Wortes Gottes. Wie in Jesaja, weiter oben zitiert: Gott braucht nur aufzutreten, und das Nichts der Götzen wird offenbar.

Dieser Sieg der Zeugen ist nicht ins Jenseits zu verlegen. Der Sieger ist nicht jemand, der von der anderen Seite her kommt. Sieger ist, wer spricht. Es handelt sich nicht, wenn wir vom Sieg sprechen, direkt um die Auferstehung, den Einzug der

Seelen in den Himmel. Dies alles wird vor allen Dingen denen als Belohnung verheißen, die Sieger waren, die gesprochen haben im Angesicht der Welt. Dieser Sieg des Christen, oder besser Christi, – denn es ist ja das Zeugnis Jesu, das in uns weitergeht, – ist keine irdische Herrschaft, kein zeitliches Dominieren über die Mächte des Bösen, die uns die Apokalypse als entfesselt zeigt …

Es ist kein zeitliches Dominieren über die weltlichen oder religiösen Mächte. Sieg ist auch nicht Immunität; es wird gesagt: »Das Tier wird sie besiegen« (11,7).

Der Sieger scheint besiegt. Das Tier wird ihnen physisch und materiell überlegen sein, aber trotz dieser Niederlage werden die getöteten Christen »die Sieger über das Tier« (15,2) genannt. Wer Zeugnis gibt bis zum Tod, ist Sieger. Der Tod ist Zeichen eines Zeugnisses, das absolut und total war!

Das Zeugnis ist die Kraft, welche die Mächte des Bösen zunichte macht, sie verdammt. Die Verfolger wollen darum die Zeugen am Sprechen hindern. Der bis zum Tod sprechende Zeuge stellt für die Macht des Bösen eine tödliche Gefahr dar.

Der Sieg ist in der Apokalypse der Machterweis einer Wirklichkeit, die so verhalten ist, daß wir ihr Vorhandensein nicht fühlen, und dennoch so stark wie das Wort Gottes in sich selbst.

Johannes beschreibt die Rolle Jesu in dieser Welt, in der Jetzt-Zeit, von seinem Tod und seiner Auferstehung bis zum Ende der Welt durch dies eine Wort: »Jesus ist der Zeuge.« Das ist der Christus: Der Zeuge des lebendigen Gottes. Er ist menschgewordener Gott, Zeuge einer anderen Welt, einer anderen Realität mitten in der Entfesselung der fürchterlichen Macht, der profanen Gewalt, wie Johannes sie im Kapitel 13 der Apokalypse beschreiben wird. Christus war Zeuge bis in den Tod. Heute ist er es durch den Mund der Christen.

Warum wird dem Thema »Sieg« soviel Bedeutung beigemessen? Ein letzter Vergleich mit dem Alten Testament sei mir gestattet. Da wird uns Gott dargestellt, vor allem in den Psalmen, als derjenige, welcher regiert. Hier in der Apokalypse ist Christus der Sieger: Die zugrundeliegende Idee ist die gleiche.

Überdies wollte Johannes das damals triumphierende römische Imperium treffen. Der Begriff des Sieges war eines der typischen Themen des Imperiums. Der Imperator war siegreich. Christus, der Zeuge, und der Christ als Zeuge mit Christus, stellten sich dem Imperium durch die Macht des Wortes entgegen. Zweifellos wurde der Ton auf den Begriff »Sieg« gelegt gerade wegen des profanen, historischen Umfeldes, wo die Idee des Sieges sich überall zur Schau stellte: Das Imperium triumphierte. Dieses Imperium ist ein Imperium der Verfolger, es ist jenes, das die Christen tötet. Den Sieg Jesu verkündigen, heißt proklamieren, daß das heidnische Imperium dem Untergang geweiht ist.

Wir sehen die Kühnheit dieses Buches, dieses Zeugnisses, dieser Aussage, zu dieser Zeit! Alle Kraft wohnte in der Verkündigung des Wortes und im Glauben an Christus!

Den Sieg Jesu verkündigen, heißt proklamieren, daß dieses Imperium beim Beginn der Verfolgung und in der ganzen Ungeheuerlichkeit des monströsen Tieres dem Untergang geweiht ist, wie es die falschen Götter bei den Propheten waren. Der künftige Sieger über das heidnische Imperium war geboren; er ist schon da, gegenwärtig und tätig. Johannes sagt es in der Apokalypse. Die Waffen des Zeugen sind stärker als die Waffen der römischen Legionen. Das Zeugnis Jesu enthält auf lange Sicht den Untergang Babylons, den Untergang des Imperiums und aller seiner möglichen Nachfolger. Johannes weiß zu dieser Zeit nicht, wie sich die Dinge entwickeln würden, aber er schreibt, er bezeugt, er bestätigt, er hat den Glauben.

Wir befinden uns hier im Herzen der Botschaft der Johannes-Offenbarung, einer überaus pastoralen Botschaft. An die Gemeinde in Pergamon, die schon ihren Märtyrer, ihren »treuen Zeugen« hat, schreibt Johannes: »Ich will meinen zwei Zeugen auftragen ... prophetisch zu reden« (11,3). Diese unbesiegbare Kraft, dieser unbesiegbare Glaube ist ein Geschenk Christi. Dahin kann einer nur gelangen durch die »Gnade Gottes«, wie es im Evangelium gesagt wird.

»Sie sollen prophetisch reden in Bußgewändern.« Wie die Propheten, wie Elija, also arm und hilflos. Waffen kommen für sie nicht in Frage! Sie besitzen genau eine: Es ist das Wort, das schon Jesaja mit einem flammenden Schwert vergleicht.

Das ist die Wendung der Apokalypse, der Inhalt des Kleinen Buches. Das Gesamtbuch enthält die ganze Ankündigung der eschatologischen Zeiten. Das Kleine Buch jedoch enthält diesen besonderen Akzent: Gott versammelt sein Volk im Ausblick auf die letzten Zeiten. Was angekündigt wurde, ist da. Jetzt müssen wir in das Geheimnis eindringen. Das ist das Kleine Buch; man muß es verschlingen, es ist hart, es ist bitter im Magen; es ist süß im Geschmack, aber bitter im Magen. Das ist die Würze! Das ist die Botschaft dieser Kapitel.

Das Kapitel 11 endet mit einer kurzen Beschwörung der Bundeslade. Die schrecklichsten Visionen werden immer unterbrochen durch mehr ermutigende Visionen. Nach der Beschreibung dieser schweren Mission der zwei Zeugen sagt uns Johannes:

> Der Tempel Gottes im Himmel wurde geöffnet, und in seinem Tempel wurde die Lade seines Bundes sichtbar: Da begann es zu blitzen, zu dröhnen und zu donnern, es gab ein Beben und schweren Hagel (11,19).

Zeichen im Kosmos kündigen die Gegenwart Gottes an. Gott aber ist da, im Hintergrund, als der Gott des Bundes, der Gott der Barmherzigkeit, der Gott der Liebe. Vor diesem Hintergrund wird sich die neue Vision entwickeln, jene des Kapitels 12.

3. Kapitel   Die Kirche und die beiden Tiere: Das Welt-Tier und das Geist-Tier

Das erste Zeichen: Die »Frau«, Volk Gottes

Dann erschien ein großes Zeichen am Himmel; eine Frau, mit der Sonne bekleidet; der Mond war unter ihren Füßen und ein Kranz von zwölf Sternen auf ihrem Haupt (12,1).

Johannes beschreibt ein neues Zeichen, ohne irgendeine Einführung. Die Beschreibung »Dann erschien ein großes Zeichen«, beginnt »unvermittelt« sofort: um auf solche Weise die Bedeutung dieser Vision zu unterstreichen. Die Geschichte, wie Johannes sie versteht, wird sich in dieser großen Vision konzentrieren. Die Vision wird dargestellt als ein »Zeichen«: Dieser Ausdruck ist bei Johannes in der Apokalypse ungewohnt. Gewöhnlich sagt er: ich sah etwas, jemand ... diesmal spricht er genauer von einem »Zeichen«, es handelt sich um ein Symbol. Wir erinnern uns sogleich des Zeichens bei Jesaja 7,10–14: »Seht, die Jungfrau wird empfangen ...« Hier ist das »Zeichen« nicht eine Jungfrau, die ein Kind empfangen wird, sondern eine Frau, mit der Sonne bekleidet, und in Geburtswehen. Wohl handelt es sich in beiden Fällen um »ein Zeichen«.

Dieses »Zeichen« wird »groß« genannt: ein weiteres dieser Art wird es in der Apokalypse geben: »Dann sah ich ein anderes Zeichen am Himmel, groß und wunderbar« (15,1). Es scheint dem ersten zu entsprechen; es bildet die Einführung der Vision vom Gottesvolk, das die entscheidende Strecke überwunden hat und am Ufer des kristallenen, mit Feuer vermischten Meeres die Glorie des Lammes besingt.

Das große Zeichen erscheint nach TOB »im Himmel«. Andere[1]) sagen »am Himmel«. Die Vision scheint sich wohl nicht wie die vorhergehenden Visionen (4 und 5) im Himmel, im himmlischen Bereich, das hieße am göttlichen Hof abzuspielen.

»Himmel« meint hier eher – zumindest nach Ansicht vieler – das Firmament, das als Bildfläche betrachtet wird, wie eine Leinwand, auf der das Bild entsteht, das Johannes auf Patmos schaut.

In Wirklichkeit verdoppelt sich das Zeichen; es gibt ja »ein anderes Zeichen« (V. 3). Aber das Anfangszeichen, die »Initiale«, ist »eine Frau, mit der Sonne bekleidet; der Mond unter ihren Füßen und ein Kranz von zwölf Sternen auf ihrem Haupt«!

Wenn in der Bibel Gott dargestellt wird »mit Hoheit und Pracht bekleidet: Du hüllst dich in Licht wie ein Kleid« (Ps 104,1 und 2), dann um ihn als souveränes Wesen in seiner Herrlichkeit zu zeigen. Hier wird nicht Gott beschworen, sondern die Frau, die allerdings mit einer durch die Sonne symbolisierten göttlichen Herrlichkeit bekleidet ist. Unwillkürlich denken wir hier an die Jesaja-Stelle, wo die göttliche Glorie mit der Sonne verglichen wird, wie sie über Jerusalem aufgeht und die Stadt umhüllt:

»Auf, werde Licht, denn es kommt dein Licht, und die Herrlichkeit des Herrn geht leuchtend auf über dir« (Jes 60,1–22).

Jerusalem wird beschrieben als eine Frau und Mutter, die sich triumphierend erhebt und aufsteigt wie das Morgenrot, eingehüllt, wie mit einem Gewand bekleidet, von der Glorie Jahwes. Über Jerusalem erhebt sich die Herrlichkeit des Herrn, die es umhüllt, so daß der Prophet fortfahren kann, indem er göttliche Herrlichkeit und Herrlichkeit Jerusalems gleichsetzt.

Wenn wir an Jesaja denken, dann müssen wir unseren Blick

---

[1]) Auch die Einheitsübersetzung.

auch in Richtung auf Baruch lenken: Jerusalem wird eingeladen, sich zu schmücken aus Freude über das Ende der Verbannung.

»Leg ab, Jerusalem, das Kleid deiner Trauer und deines Elends, und bekleide dich mit dem Schmuck der Herrlichkeit, die Gott dir für immer verleiht. Leg den Mantel der göttlichen Gerechtigkeit an; setz dir die Krone der Herrlichkeit des Ewigen aufs Haupt!
Denn Gott will deinen Glanz dem ganzen Erdkreis unter dem Himmel zeigen« (Bar 5,1-3).

Diese Texte von Jesaja und Baruch werden in der Vision zusammengenommen und sozusagen kommentiert. Ohne weitere Deutung ist die Frau logischerweise mit Jerusalem, mit Israel gleichzusetzen.

Ein wenig schwieriger ist das Bild der Frau, den Mond unter ihren Füßen, zu verstehen. Der Mond könnte die den dämonischen Mächten ausgelieferte Unterwelt darstellen ... Interessant erscheint eine andere Deutung: Der Mond selbst sei nach der Überlieferung das Symbol der Frau. Die Götter erschienen in der antiken Mythologie jeweils auf ihrem Attribut, wie zum Beispiel Ischtar auf einem Löwen sitzend.

Die Sonne ist das Vatersymbol, der Mond ist das Symbol der Mutter. So auch im Traum des Josef (Gen 37,9). Josef erzählt: »Ich träumte noch einmal: die Sonne (Jakob, der Vater), der Mond (Rachel, die Mutter) und elf Sterne (seine Brüder) verneigten sich tief vor mir.« Weil man im Altertum die göttlichen Wesen auf ihrem Attribut darstellte, auf dem Gegenstand, der sie symbolisiert, wäre der Mond hier die Frau, die mit der Sonne bekleidete Frau also Jerusalem, ganz einfach.

Und ein Kranz von zwölf Sternen auf ihrem Haupt (12,1). Die Frau trägt kein Diadem, wohl aber einen Kranz; er ist nicht das Zeichen der Königsherrschaft, sondern des Sieges. Sie trägt auf dem Haupt das Attribut des Triumphes. Sie ist eine siegreiche Frau. Durch diesen Kranz von zwölf Sternen würde das Volk Gottes symbolisiert, zwölf Stämme Israels (vgl. 7) oder zwölf Apostel des Lammes (21). Dieses Volk ist das wahre Israel, die Kirche.

Die Frau ist in Geburtswehen (12,2). Die Vision endigt mit einem ergreifenden Kontrast: Die Frau in himmlischer Klarheit windet sich in Schmerzen.

Johannes sagt genauer: sie »schreit« vor Schmerz; hier benutzt er die Gegenwartsform, um dadurch ein Leiden anzuzeigen, welches andauert.

Immer wurden und werden wir nach dem Sinn dieses Symbols der Frau gefragt. Es scheint zweifelsfrei, daß Zion die Frau ist, »die Jungfrau Israel«, wie die Texte des Alten Testaments sagen; sie ist das Volk Gottes, das den Messias zur Welt bringt, das heißt die Kirche des Alten und des Neuen Testaments in ihrer durch die Geburt des Messias (= Christus) klar bezeugten Kontinuität.

Als Grundlage für diese Deutung beruft man sich oft auf die Frau bei Jesaja, die ein Volk gebiert:

> »Horcht: Getöse dringt aus der Stadt, Getöse aus dem Tempel.
>
> Horcht: der Herr vergilt seinen Feinden ihr Tun. Noch ehe die Frau ihre Wehen bekommt, hat sie schon geboren; ehe die Wehen über sie kommen, brachte sie einen Knaben zur Welt. Wer hat so etwas je gehört, wer hat je dergleichen gesehen?
>
> Wird ein Land an einem Tag geboren, kommt ein Volk auf einmal zur Welt?« (Jes 66,6–8)

Diese Frau symbolisiert die Kirche, die Stadt Gottes. Zuerst die Kirche des Alten Testaments, Zion im Begriff, den Messias zur Welt zu bringen. Dann ganz kurz die Kirche, das heißt »die zur Reife gelangte Synagoge«. Diese Formel des Paters Allo[1] scheint mir die ganze Bedeutung dieses Verses zu enthalten.

Die katholische Liturgie wendet diesen Text auf die Jungfrau Maria an, was etliche Fachleute zurückweisen. Die TOB gibt genauere Erklärung wie folgt: »Wenn wir der Fortset-

---

[1] E. B. Allo op. cit. p. 177.

zung Rechnung tragen (vgl. besonders den Vers 17), ist es klar, daß diese Frau Zion bezeichnet, das heißt das Volk Gottes, das den Messias und die Gläubigen zur Welt bringt. Insofern sie Mutter des Messias ist, würde die Frau von Offb 12 auch Maria bedeuten, so wie es zahlreiche Väter und eine ganze Tradition der Liturgie und der darstellenden Kunst gedacht haben? Viele Exegeten der Gegenwart zögern vor dieser Gleichsetzung auch als Nebenbedeutung. Andere glauben, daß dem Verfasser Maria als Urbild der Kirche vorschwebte.«[2]) Die marianische Deutung wird von ausgezeichneten, im allgemeinen katholischen und einigen protestantischen Exegeten verteidigt; es fehlt ihr nicht an Begründung. Cerfeaux und Feuillet[3]) zum Beispiel. P. Boismard (Jerusalemer Bibel)[4]) lehnt ab.

Was der marianischen Deutung recht geben kann, ist zunächst – das Argument ist nicht entscheidend –, daß das zur Welt gebrachte Kind mit Aussagen der ausgesprochen messianischen Psalmen beschrieben wird: Die Frau bringt den zur Welt, der die Völker der Erde »zerschlagen« wird »mit eiserner Keule« (Ps 2,9). Dieses Kind wird »zu Gott und zu seinem Thron entrückt« (12,5). Die Anspielung auf die Auferstehung und Himmelfahrt ist offenkundig. Andererseits kann man darauf hinweisen, daß Johannes, wenn er die große Hure Babylon (17) beschreibt und die Braut des Lammes (21,9 ff), genau zum Ausdruck bringt, daß es sich um eine Gesamtheit, um eine Stadt handelt. Hier aber tut er das nicht. Die Frau wird beschrieben als eine Einzelperson, die klar von ihrem Kind und dessen Nachkommenschaft unterschieden wird (12,5 und 17).

Schließlich gibt es eine bestimmte Analogie zwischen dem Zeichen der Frau, die das Kind zur Welt bringt und dem Zeichen des Jesaja 7.

---

[2]) TOB Ap. **12,2** Note 1.

[3]) A. Feuillet in Études johanniques, Paris, Desclée De Brouser 1962, S. 246–370.

[4]) Bible de Jerusalem, **12,1** Note d.

Viele Ähnlichkeiten erinnern an Genesis 3,15, das heißt an Eva, jene Frau, von welcher gesagt wird, daß Feindschaft bestehen werde zwischen ihr und dem Dämon, dem Versucher, dem Verführer, und daß der Nachkomme siegen werde. Gestützt auf eine solche Reihe von Übereinstimmungen denken nicht wenige Exegeten, daß die Anwendung dieser Vision nicht nur auf Jerusalem, auf Israel, sondern auch auf die Mutter des Messias richtig ist. Bedeutet die Vision gleichzeitig Zion und, als Einzelperson, die Mutter des Messias? Die zwei sind nicht unvereinbar.

Johannes beschreibt das neue Zion, die messianische Stadt, in der Gestalt jener Frau, die dem Messias das Leben geschenkt hat. Das ist Überlagerung, ein Bild über dem anderen. Der erste Sinn ist Jerusalem, Israel, Zion. Aber es wäre der biblischen Mentalität sehr entsprechend, die Gesamtheit inkarniert in einer Einzelperson darzustellen.

In der Bibel lesen wir von Jakob, und Jakob ist das Volk Gottes, aber er ist auch der Patriarch. Oder vom Gottesknecht: ist er ein Individuum oder eine Gesamtheit? Beim Menschensohn des Daniel 7,13 der gleiche Fall. Warum sollte es hier nicht ebenso sein? Wir hätten so das Volk Gottes, durch Maria dargestellt; indem das Symbol jene einschließt, die de facto den Messias geboren hat.

Das zweite Zeichen: Die Frau, Volk Gottes,
gegenüber dem feuerroten Drachen

Ein anderes Zeichen erschien am Himmel, ein Drache, groß und feuerrot, mit sieben Köpfen und zehn Hörnern und mit sieben Diademen auf seinen Köpfen (12,3).

Am Himmel zeichnet sich als Gegenbild des ersten Bildes die Gestalt eines monströsen Wesens. Es ist »ein feuerroter Drache«. In der Bibel ist der Drache entweder die Schlange oder ein Ungeheuer wie der Leviatan oder auch ein phantastisches Meerestier. Zitieren wir zur Erinnerung Jesaja:

»An jenem Tag bestraft der Herr mit seinem harten, großen, starken Schwert den Leviatan, die schnelle Schlange, den Leviatan, die gewundene Schlange. Den Drachen im Meer wird er töten« (Jes 27,1).

Der Drache ist ein Symbol, das eine Gegnerschaft zum Guten darstellt, ein Kämpfen gegen die Gottheit. Bemerkenswert ist, daß dieser Drache mit der »alten Schlange« gleichgesetzt wird.

Er wurde gestürzt, der große Drache, die alte Schlange, die Teufel oder Satan heißt und die ganze Welt verführt (12,9).

Johannes macht damit deutlich, daß wir diesen Drachen mit dem Versucher des Sündenfalls zusammensehen müssen (Gen 3). So ist auch Verbindung zwischen der Frau der Apokalypse (12) und jener von Genesis 3 herzustellen. Auf dem Hintergrund dieser Vision sehen wir die Szene im Paradies.

Der Drache ist »groß«. Groß durch seine Gestalt, wie alle legendären Ungeheuer. Groß gleichfalls, weil er der Feind schlechthin ist: Er vereint alle Gegnerschaft, alle Feindseligkeit, er ist Quelle aller Verfolgungen. Er ist »feuerrot«, die Deutung wurde weiter oben schon gegeben. Er trägt »sieben Diademe auf seinen Köpfen«, Zeichen der Machtfülle. Das Diadem ist Symbol der Souveränität. Er hat also Macht: »Fürst dieser Welt« nennt ihn Johannes im Evangelium (12,31).

Er hat »zehn Hörner«, dieses Attribut erinnert an das vierte Tier der Daniel-Vision: »es war furchtbar und schrecklich anzusehen und sehr stark« (Dtn 7,7).

Sein Schwanz fegte ein Drittel der Sterne vom Himmel und warf sie auf die Erde herab (12,4).

Die Körpermaße des Drachen sind von entsetzlicher Größe, er kann sich kaum rühren, der Himmel ist zu klein. Jedenfalls ist der Drache Gegner der Frau. Aufgerichtet steht er da auf der Lauer:

Der Drache stand vor der Frau, die gebären sollte; er wollte ihr Kind verschlingen, sobald es geboren war (12,4).

Die johanneischen Visionen sind nicht statisch, sondern in Bewegung. Johannes sieht den Drachen sich aufrichten vor der Frau, die gebären sollte. Er fürchtet diese Geburt sehr; das Kind, das da kommt, scheint sein Reich und seine Souveränität zu bedrohen.

Und sie gebar ein Kind, einen Sohn, der über alle Völker mit eisernem Zepter herrschen wird (12,5).

Die Beschreibung ist dem Psalm 2 entnommen:
»Mein Sohn bist du, heute habe ich dich gezeugt.«
Und Gott gibt ihm Macht über alle Nationen.

Dieser Psalm wird im Neuen Testament mehrmals zitiert: Er ist in der Reihe der Psalmen der messianische. Gleich nach der Geburt wird das Kind »zu Gott und zu seinem Thron entrückt«. Es wird in die göttliche Wohnung gebracht, es entflieht dem Drachen. Der Messias flieht vor der teuflischen Macht. Die TOB macht dazu eine gute Anmerkung: »Die gegen Ende der Sündenfallszene verkündete Feindseligkeit (Gen 3,15) erreicht ihren entscheidenden Punkt: Die Auferstehung Christi (zu Gott erhoben) leitet die Niederlage Satans ein.«

Was hier beschworen wird, ist die Geburt, Auferstehung und Himmelfahrt Christi und zugleich seine Verherrlichung. Es ist eine Zusammenfassung dessen, was der Welt von Gott durch die Frau geschenkt wurde, das Geschenk des Messias. Die Frau brachte ihn zur Welt, und er wurde fortgetragen. Hierdurch ist der Drache bereits besiegt. Das Orakel von Genesis 3: »Er trifft dich am Kopf«, ist erfüllt. Der wahre Sieg des Teufels, des »Herrschers der Finsternis«, des »Fürsten der Welt«, wäre gewesen, Hand anzulegen an den Retter. Er ahnte, wer da geboren werden sollte, was da in der Welt schon angefangen hatte zu leben: sein am meisten zu fürchtender Gegenspieler. Darum haben einige diese Szene (Offb 12) auf jene der Versuchung Christi in der Wüste bezogen, wo der Versucher seine Hand auf den Christus zu legen sucht:

»Wenn du Gottes Sohn bist . . . alle Reiche der Welt . . . will ich dir geben.« Er selbst, der »Fürst der Welt«, hätte sie Christus geben wollen. Und Christus sagt nein: »Vor dem Herrn, deinem Gott, sollst du dich niederwerfen und ihm allein dienen!« (Mt 4,1–11)

Die Frau hat ihre Rolle gespielt; sie hat den Messias zur Welt gebracht, den Gott zu sich genommen hat.

Die Frau aber floh in die Wüste, wo Gott ihr einen Zufluchtsort geschaffen hatte, dort wird man sie mit Nahrung versorgen, zwölfhundertsechzig Tage lang (12,6).

Die Geburt hat auf Erden stattgefunden. Die Vision erstreckt sich über den Himmel. Die Frau verbleibt dort, und sie ist in Gefahr, offensichtlich wegen des Drachen, aber Gott beschützt sie. Gott hat ihr in der Wüste ein Refugium besorgt, wo sie dem Zugriff des Drachens entzogen ist. Und sie wird in der Wüste durch Gott ernährt. All dies verweist uns recht klar auf den Exodus. Die Frau stellt das Volk Gottes auf seiner Pilgerschaft dar, durch Gott ernährt, wie das Volk Israel in der Wüste durch das Manna.

Wir erleben jetzt eine Art von himmlischem Intermezzo, wie es oft vorkommt. Das Geschehen, das soeben stattgefunden hatte, wiederholt sich in den Abgründen des Himmels. Es entbrennt ein Kampf (12,7–13).

Da entbrannte im Himmel ein Kampf;
Michael und seine Engel erhoben sich, um mit dem Drachen zu kämpfen. Der Drache und seine Engel kämpften, aber sie konnten sich nicht halten, und sie verloren ihren Platz im Himmel. Er wurde gestürzt, der große Drache, die alte Schlange, die Teufel oder Satan heißt und die ganze Welt verführt; der Drache wurde auf die Erde gestürzt, und mit ihm wurden seine Engel hinabgeworfen (12,7–9).

Es gibt also im Himmel eine Schlacht, die zum Sieg über den Drachen wird, verwirklicht durch Michael (»Mi-cha-el«, wer ist wie Gott? Das ist der Sinn des Namens Michael). Es ist eine Art himmlischer Vergegenwärtigung oder himmlischer Idealgestalt der Szene, die kurz vorher als irdisches Geschehen beschrieben wurde.

Dann ist im Himmel eine »laute Stimme« zu hören, die sagt:

Jetzt ist er da, der rettende Sieg, die Macht und die Herrschaft unseres Gottes und die Vollmacht seines Gesalbten ... (12,10).

Der Vision folgt ein liturgischer Gesang, der, wie sehr oft in der Apokalypse, das Ereignis erläutert.

Als der Drache erkannte, daß er auf die Erde gestürzt war, verfolgte er die Frau, die den Sohn geboren hatte. Aber der Frau wurden die beiden Flügel des großen Adlers gegeben ... (12,13–14a).

Nach dem, was man ein »himmlisches Intermezzo« nennen kann, sagt Johannes, in offensichtlicher Anspielung auf den Exodus, daß die Frau »auf den zwei Flügeln des großen Adlers« in die Wüste floh; ». . . wie ich euch auf Adlerflügeln getragen . . .« (Ex 19,4), hatte Gott gesagt.

Gott selbst übernimmt es, die Frau in Sicherheit zu bringen, an ihren Ort ...

Dort ist sie ... sicher
und wird ... ernährt (12,14).

Johannes betont eindringlich die Rolle der göttlichen Vorsehung: die Frau, die hier unten pilgernde Kirche, ist vor der Schlange sicher und wird von Gott ernährt, »eine Zeit und zwei Zeiten und eine halbe Zeit lang«. Das ist eine apokalyptische Weise eine Zeit zu bezeichnen, die nicht ewig dauern wird, so die Zeit der Verfolgung.

Dann beschreibt uns Johannes die Anstrengungen des Drachen, die Frau zu treffen.

Die Schlange spie einen Strom von Wasser aus ihrem Rachen hinter der Frau her, damit sie von den Fluten weggerissen werde. Aber die Erde kam der Frau zu Hilfe; sie öffnete sich und verschlang den Strom, den der Drache aus seinem Rachen gespien hatte (12,15–16).

Diese unterbrochene Verfolgung der Frau durch die Schlange – mit Hilfe von Wasser – läßt uns an den Durchzug durch das Rote Meer denken, ein Bild des Exodus. Die Frau, die Kirche verwirklicht in ihrer Geschichte von heute, was das Volk Israel erlebt hat, auf Adlerflügeln in die Wüste gebracht, durch das Meer, unüberwindbares Hindernis, überwunden durch Gott.

Da geriet der Drache in Zorn über die Frau, und er ging fort, um Krieg zu führen mit ihren übrigen Nachkommen (12,17).

Ein Unterschied wird gemacht zwischen der Frau und »ihren übrigen Nachkommen«. Halten wir fest, daß der Ausdruck »Nachkommen« hier auf die Frau angewendet wird. Dies ist der einzige Fall in der ganzen Bibel. Sonst ist es immer ein Mann, wenn von Nachkommenschaft die Rede ist: vgl. Abraham, Jakob usw. Es scheint, daß Johannes, wenn er mit Absicht diesen Ausdruck benutzt, den Bericht vom Sündenfall vor Augen hat, in dem von ihrem »Nachwuchs«, von der Nachkommenschaft der Frau die Rede ist. In Überlagerung wird in dieser Szene (12,17) die Genesis (Gen 3) gegenwärtig. In seinem Zorn führt der Drache Krieg gegen die Kirche, gegen das Volk Gottes, gegen all seine Glieder, Johannes sagt dann genau, wer zur Nachkommenschaft der Frau gehört: Es sind diejenigen,

die den Geboten Gottes gehorchen und an dem Zeugnis für Jesus festhalten (12,17b).

Es geht hier um ein Zeugnis, bei dem Jesus entweder der Autor oder der Gegenstand ist. Mir scheint, daß wir den ersten Sinn annehmen sollten: Christen sind diejenigen, welche das Zeugnis bewahren, das Jesus gegeben hat, und die nicht aufhören, Zeugnis zu geben, – mit ihm.

Dann führt der Drache den Kampf gegen die Frau in der Wüste, die Frau, die unterwegs ist, das heißt das Volk Gottes auf seinem Weg; das sich ausweist durch Treue gegen Gottes Gesetz und Entschlossenheit, Zeugnis zu geben, das heißt das Wort zu verkünden.

Und der Drache trat an den Strand des Meeres (12,18).

Eine Vision: Das Tier aus dem Meer
oder die christliche Gemeinde
gegenüber dem römischen Imperium

Johannes sieht aus dem Meer das erste Tier auftauchen.
Wie jenes Tier der Vision des Daniel 7, steigt dieses Tier
herauf aus dem durch das Meer beschworenen kosmischen
Abgrund. Das Meer bezeichnet gleichzeitig den Okzident
und verweist damit auf Rom. Johannes ist auf Patmos, auf
einer Insel, Meer ist also in jeder Richtung; aber wenn er
»Land« und »Meer« als Gegensatzbegriffe verwendet, dann
bezeichnet das Meer eher den Okzident und das Land das
Festland von Kleinasien, das ja näher ist.

Und ich sah: Ein Tier stieg aus dem Meer, mit zehn Hörnern und sieben Köpfen. Auf seinen Hörnern trug es zehn
Diademe und auf seinen Köpfen Namen, die eine Gotteslästerung waren (13,1).

Johannes sieht das Tier aufsteigen, es verläßt das Wasser.
Die Beschreibung folgt sichtlich der Bewegung des Auftau-
chens: zunächst kommen die zehn Hörner zum Vorschein,
dann die sieben Köpfe und danach erst der Körper des Ungeheuers. Das Tier taucht auf aus dem Abgrund.
Die zehn Hörner und die sieben Köpfe finden im Kapitel 17
die hier vorweg gegebene Erklärung:

Der Engel aber sagte zu mir: Warum bist du erstaunt?
Ich will dir das Geheimnis der Frau (der Hure) enthüllen
und das Geheimnis des Tieres mit den sieben Köpfen und
zehn Hörnern, auf dem sie sitzt (17,7).
Hier braucht man Verstand und Kenntnis. Die sieben
Köpfe bedeuten die sieben Berge, auf denen die Frau sitzt
(= Rom). Sie bedeuten auch sieben Könige (17,9). Die
zehn Hörner, die du gesehen hast, bedeuten zehn Könige,
die noch nicht zur Herrschaft gekommen sind; sie werden
aber königliche Macht für eine einzige Stunde erhalten,
zusammen mit dem Tier (17,12).

Eine wahrlich recht geheimnisvolle Erklärung, sehr wahrscheinlich Zeichen für ein Vordatieren der Apokalypse. Auf

den sieben Köpfen, sagt uns Johannes, stehen »Namen, die eine Gotteslästerung waren«. Hier müssen wir ohne Zweifel eine Anspielung auf die göttlichen Titel sehen, welche die römischen Imperatoren sich anmaßten, wovon in unserm ersten Kapitel schon die Rede war. Die Geschichte kennt die Namen: »Augustus divus, Filius Dei«, »göttlicher Augustus, Sohn Gottes«. Domitian gab sich den Namen »Dominus ac Deus noster«, »unser Herr und unser Gott«; wir haben hier eine Art Erinnerung an die gotteslästerlichen Anmaßungen der römischen Kaiser ganz allgemein, insbesondere jedoch des Domitian.

Die Beschreibung dieses Tieres erinnert an die vier Tiere des Buches Daniel (Dan 7), Darstellung der vier Reiche, die ihre Gewaltherrschaft ausübten, bis sie durch die Ankunft des Menschensohnes besiegt wurden. Dieses eine Tier bildet die Verkörperung jener vier. Hier gibt es nur ein Tier, aber die Anzahl der Köpfe ist dieselbe. Bei Daniel hatte das dritte Tier vier Köpfe, die anderen nur einen. Das vierte Tier trug zehn Hörner, die anderen keine. Zusammen hatten also die vier Tiere sieben Köpfe, und diese Köpfe und Hörner finden sich vereint beim einen Tier der Apokalypse.

Johannes versucht dann wachzurufen, was er gesehen hat.

> Das Tier, das ich sah, glich einem Panther; seine Füße waren wie die Tatzen eines Bären und sein Maul wie das Maul eines Löwen (13,2a).

Die Exegeten sehen Symbole unter diesen Formen. Zum Beispiel denken sie, daß der Panther ein Sinnbild für Gelenkigkeit und Grausamkeit ist; die Tatzen des Bären für massive Macht; und der Löwe für unwiderstehliche Kraft. Dieses Ungeheuer ist durchaus bestialisch, hinterlistig, schwer und begierig, alles zu verschlingen. Der Drache wartete auf diese Kreatur, die er aus seiner Höhle, dem Abgrund, hatte heraufsteigen lassen. Er stand da am Strand des Meeres, und durch eine Art magische Beschwörungsformel läßt er dieses monströse Tier heraufkommen und überträgt ihm seine Macht:

Und der Drache hatte ihm seine Gewalt übergeben, seinen Thron und seine große Macht (13,2b).

Der Drache, Sinnbild des Bösen, der »Versucher« der Genesis, handelt durch Beauftragte: er macht sich ans Werk durch Tiere. Er überträgt seine Gewalt, seine dynamis, seinen Thron und seine ungeheure Macht. Hier wird im Gedächtnis die dritte Versuchung Jesu in der Wüste gegenwärtig: »Er sagte zu ihm: Das alles will ich dir geben, wenn du dich vor mir niederwirfst und mich anbetest« (Mt 4,8–9).

Das tut hier der Satan, der Drache, gegenüber dem ersten Tier. Und Johannes setzt die Beschreibung fort:

einer der sieben Köpfe sah aus wie tödlich verwundet; aber die tödliche Wunde wurde geheilt (13,3).

Dieses apokalyptische Tier, wahres Werkzeug in der Hand des Drachen, scheint verletzt durch eine Wunde, die wie tödlich aussieht, die als tödlich angesehen wird. Dies zu deuten ist ziemlich schwierig. Wir müssen hier die Andeutung einer Art Wiederherstellung vermuten, erstaunliches Überleben, Zeichen der Lebenskraft des Ungeheuers. Es ist nicht unverwundbar, aber es lebt von neuem. Es scheint zu Tode getroffen und steht wieder auf. Es ist ein Monstrum von außerordentlicher Vitalität.

Eine Art Parallele zeigt sich hier zwischen diesem Ungeheuer und dem Lamm »wie geschlachtet« und dennoch lebendig. Es sind fast dieselben Worte: »Einer seiner Köpfe sah aus wie tödlich verwundet; aber die tödliche Wunde wurde geheilt.« Schlier deutet diese Szene so: »Diese Stelle vom wie tödlich verwundeten Tier, dessen Todeswunde aber geheilt wurde, bildet eine Art weltliche Parodie der Auferstehung Christi und das Gegenstück zur Ewigkeit der Kirche.«

Es ist wirklich eine Art Maskenspiel über Christus und die Kirche, über den auferstandenen Christus und die Kirche, der die Ewigkeit verheißen ist. Dieses monströse Wesen soll, so sieht es aus, die Welt in Anspruch nehmen, in der Welt handeln, in der Welt gegenwärtig sein und sie für immer mit seiner Macht erfüllen. Hier liegt auch eine Anspielung auf die sehr kritische und beunruhigende Situation, in der sich die Kirche unter Domitian befand. Das Tier scheint verwundet und lebt wieder auf.

> Und die ganze Erde sah dem Tier staunend nach. Die Menschen warfen sich vor dem Drachen nieder, weil er seine Macht dem Tier gegeben hatte; und sie beteten das Tier an und sagten: Wer ist dem Tier gleich, und wer kann den Kampf mit ihm aufnehmen? (13,3b–4)

Johannes erinnert daran, daß die Anbetung des Tieres letztlich dem Drachen gilt.

Die Anbeter des Tieres werden hier bezeichnet durch den Ausdruck »die ganze Erde«, ein wenig später lesen wir: »Alle Bewohner der Erde fallen nieder vor ihm« (13,8), alle beten das Tier an.

Es beginnt dann eine Liturgie, vielmehr eine regelrechte Parodie der Liturgie zu Ehren des Lammes. Die ganze Erde wirft sich nieder, um den Drachen, vertreten durch das Tier, anzubeten.

Alles, was vom »Lamm wie geschlachtet« gesagt worden war, findet sich hier wieder, nur ins Gegenteil verkehrt. Das Lamm, welches das Buch geöffnet hat, erscheint als geschlachtet und dennoch lebend; es empfängt von Gott das Buch über die Geheimnisse der Geschichte; die Engel, die vier Lebewesen, die Ältesten huldigen ihm. Hier nimmt die Anbetung des Tieres die biblischen Formeln auf, die Gott vorbehalten sind. So wird zum Beispiel Mi-cha-el, »wer ist wie Gott?« umgeformt in »wer ist wie das Tier?« Da gibt es eine Art Gegendarstellung zur Siegesszene Michaels im vorigen Kapitel. Michael, der Erzengel – »Wer ist wie Gott« – hatte im Himmel das Tier besiegt. Der Drache nimmt auf der Erde Rache, indem er das Tier nennen läßt: »Wer ist wie das Tier?«

In den folgenden Versen beschreibt Johannes dann die Tätigkeit des Tieres auf der Erde:

> und es wurde ermächtigt, mit seinem Maul anmaßende Worte und Lästerungen auszusprechen . . . (13,5).

Die Ähnlichkeit mit Daniel 7,8–20 (Vision des kleinen Hornes) drängt sich auf. Das Tier wird ermächtigt zu sprechen.

»Es wurde ermächtigt . . .« Wir wissen nicht recht, wer eigentlich dem Tier die Macht gibt zu sprechen. Ist es der Drache? Oder ist es nicht viel eher – deswegen auch die unpersönliche Passiv-Form »es wurde ermächtigt . . .« – Gott selbst, der es zuläßt, daß das Tier seine Macht ausübt; und der diesen großen Kampf gestattet, in welchen die Kirche seines Christus sich verwickelt findet? Gott erlaubt den großen endzeitlichen Kampf.

Das Tier spricht, so lautet sein Auftrag, aber was sagt es? Lästerungen gegen Gott und seinen Namen, gegen sein Zelt, seine Wohnung, seinen »Tabernakel« sagt die TOB, und überhaupt gegen alle »die im Himmel wohnen«.

Das Tier öffnete sein Maul, um Gott und seinen Namen zu lästern, seine Wohnung und alle, die im Himmel wohnen (13,6).

Es lästert Gott und die ganze himmlische Welt, aus welcher der Drache und sein Gefolge sich verbannt wissen, von welcher er ja besiegt wurde; das Tier führt also Krieg gegen die Heiligen.

Und es wurde ihm erlaubt, mit den Heiligen zu kämpfen und sie zu besiegen . . . (13,7).

Es wurde ihm gestattet zu sprechen, es wurde ihm erlaubt, gegen die Heiligen zu kämpfen, um sie unter seine Macht zu bringen. Es geht gegen die Glieder der Kirche Gottes an, gegen die Getreuen Christi.

Aber Johannes geht noch weiter: »Es wurde ihm erlaubt, . . . sie zu besiegen«. Das ist außerordentlich. Gott erlaubt also, daß das Ringen derart schrecklich ausgeht, ungesühnt?

Die Heiligen besiegen! »Das Volk der Heiligen« ist schon im Alten Testament der gängige Ausdruck, um das Volk Gottes zu bezeichnen: »das Volk der Heiligen« bedeutet das Volk, das Gott geweiht ist, zum Dienst Gottes.

Es wurde ihm auch Macht gegeben über alle Stämme, Völker, Sprachen und Nationen. Alle Bewohner der Erde fallen nieder vor ihm (13,7b–8).

Der Ausdruck »Bewohner der Erde« kehrt in der Apokalypse oftmals wieder und bezeichnet die Heiden, die Welt unter der Herrschaft des Tieres, im Gegensatz zu denen, die dem Lamm folgen. Die Herrschaft des Tieres wird hier in rein religiöser Sprache beschrieben: sie »fallen nieder vor ihm«. Man betet das Tier an. »Alle Bewohner der Erde fallen nieder vor ihm.« Sie werden aber noch genauer beschrieben:

Alle, deren Name nicht seit Erschaffung der Welt eingetragen ist ins Lebensbuch des Lammes, das geschlachtet wurde (13,8b).

Es sind also genau diejenigen, welche dem Tier folgen, im Gegensatz zu denjenigen, die dem Lamm folgen, und zwar dem geschlachteten Lamm. Johannes scheint zu sagen, daß diejenigen, die Christus nicht in sein österliches Mysterium folgen, notwendigerweise dem Tier folgen: »wer nicht für mich ist, der ist gegen mich« (Mt 12,30). Man muß zwischen beiden wählen: zwischen Christus, dem Lamm wie geschlachtet, und diesem Tier »wie tödlich verwundet, aber die tödliche Wunde wurde geheilt«. Die Herrschaft des Tieres wird also in typisch religiöser Formulierung beschrieben. Die Anbetung des Tieres verwirklicht in gewisser Weise die Einheit der Welt, ein Anschein von Einheit entsteht um das Tier herum: »alle Stämme, Völker, Sprachen und Nationen«. Auch da erscheint eine Art Parodie der Herrschaft des Lammes, der Gnadenherrschaft des Lammes, welches seinerseits ein Volk von Priestern versammelt hat, ein Volk von Königen, die über die Erde herrschen. Es gibt hier ein Gegenbild bis in Einzelheiten.

Johannes beschließt diese Beschreibung des ersten Tieres mit einem Mahnspruch, der die Aufmerksamkeit auf die Wichtigkeit dieser Vision lenkt.

Wenn einer Ohren hat, so höre er (13,9).

Es ist ein Geheimnis, das man verstehen, eine Offenbarung von großer Wichtigkeit, die man begreifen muß: »wenn einer

Ohren hat, so höre er . . .« In den sieben Briefen fügte Johannes hinzu: »Was der Geist den Gemeinden sagt.« Hier erwähnt Johannes den Geist nicht, aber offensichtlich ist es allein der Geist, der uns das Rätsel des Tieres entziffern läßt.

Johannes fügt eine sehr schwierige, oft in stark unterschiedlicher Weise übersetzte Schlußbemerkung hinzu. Die Übersetzung der TOB, der wir den Vorzug geben müssen, sagt in Anmerkung sehr richtig: »Sehr schwieriger Text, dessen unsichere Textüberlieferung das Zögern erstrangiger Lektoren verstehen läßt.«

> Wer zur Gefangenschaft bestimmt ist, geht in die Gefangenschaft. Wer mit dem Schwert getötet werden soll, wird mit dem Schwert getötet (13,10).

Wörtlich müßten wir lesen:

> Wenn jemand . . . zur Gefangenschaft, geht er zur Gefangenschaft. Wenn jemand . . . zum Getötetwerden mit dem Schwert, wird er mit dem Schwert getötet.

Wir haben hier, so scheint es wohl, eine an die Christen gerichtete Einladung, aus Gottes Hand die Härte der Verfolgung zu akzeptieren.

Das wäre für die Heiligen die Ankündigung der Verfolgung: Man wird sie gefangennehmen, man wird sie töten. Genau das, was Christus in seiner endzeitlichen Rede schon gesagt hatte. Christus hat den Christen nie die Zukunft ganz in rosa gemalt. Sie müssen teilnehmen am Ostermysterium in seiner Ganzheit. Es ist eine Ankündigung der Grausamkeit der durch das Tier befehligten Verfolgung und gleichzeitig eine an die Christen adressierte Parole für eine solche Verfolgungssituation: kein Aufruf zum bewaffneten Aufstand gegen die Macht des Tieres. Was diese Deutung erlaubt, ist der Schluß:

> Hier muß sich die Standhaftigkeit und die Glaubenstreue der Heiligen bewähren (13,10c).

Die Ausdauer, die Standhaftigkeit, jene berühmte hypomenè wird die Waffe sein, und der Glaube, das heißt die Treue.

121

Was von den Heiligen, den Christen, erwartet wird, ist, sich dabei gänzlich auf die Macht des Lammes, also die Macht Gottes zu verlassen.

Daher die Übersetzung:

Wenn jemand (= der Christ) zur Gefangenschaft bestimmt ist, wird er in Gefangenschaft gehen. Wenn jemand dazu bestimmt ist, durch das Schwert umzukommen, wird er durch das Schwert umkommen. Hier ist die Standfestigkeit und der Glaube der Heiligen (13,10c).

Wir haben wenig Texte, die deutlicher eine Einladung an die Urkirche darstellen, dieser für sie neuen Situation mit Mut zu begegnen und die Aussichten zu erkennen in einem Kampf bis zum Tod mit der weltlichen Macht Roms. Aber gleichzeitig wird, verhüllt, in der Form zurückhaltend, der Sieg zugesichert, ein Sieg jedoch, der nichts mit dem Schwert zu tun haben würde. Andere Exegeten deuten diesen Text ganz anders, aber ihre Interpretation erscheint weder logisch noch in Zugehörigkeit zum letzten Satz. Ihnen zufolge würde die Idee der Bestrafung der Verfolger unterstrichen und sie übersetzen so:

Wenn jemand in Gefangenschaft führt, wird er selbst in Gefangenschaft gehen. Wenn jemand mit dem Schwert tötet, wird er selbst mit dem Schwert getötet werden.

Das wäre die Ankündigung einer Bestrafung der Verfolger. Der Aufruf zur Beharrlichkeit und zum Glauben, wie immer man ihn nach dieser Übersetzung begreifen mag, hätte weder dieselbe Kraft noch dieselbe Eindringlichkeit wie in der beibehaltenen Übersetzung.

Die Bedeutung des Symbols dieses ersten Tieres ist recht klar, es handelt sich um das Römerreich. Das erste Tier ist Symbol für Rom, Symbol der sich Gottheit anmaßenden weltlichen Machthaber gegenüber Christus. Johannes kündigt den Christen an, daß ihnen im vergöttlichten heidnischen Imperium das Handeln des Drachen begegnen wird. Die Kirche wird sich hier in Gegnerstellung befinden, und es wird ihr hier die Richtlinie gegeben: Beharrlichkeit und Glaube.

> Und ich sah: Ein anderes Tier stieg aus der Erde herauf.
> Es hatte zwei Hörner wie ein Lamm, aber es redete wie
> ein Drache (13,11).

Johannes sieht ein anderes Tier aufsteigen, es kommt nicht,
wie das erste, aus dem Meer, sondern aus der Erde. Wir können denken, daß es sich um die Erde von Kleinasien handelt, im Gegensatz zum ausgedehnten Westen des Römer-
reichs. Seine Beschreibung bietet sich, im Vergleich zu jener
des ersten Tieres, in schlichtem Äußeren dar. Es ist die Parodie des Lammes, verrät sich jedoch durch seine Stimme. Es
spricht ja wie der Drache. Auch dieses Tier ist eine Ausgeburt
des Drachen, ein Werkzeug in seinen Händen. Das zweite
Tier ist, wie Swete sagt: »zugleich ein Pseudo-Christus und
ein Antichrist«. Es ist keine Macht weltlicher Ordnung. Das
erste Tier stellte die heidnische, zur vergöttlichten, uneinge-
schränkten Gewalt gewordene Macht dar, indem es wie ein
Gott seine Macht zur Anbetung durch die Menschen aufrich-
tete: die irdische Stadt, die vor den Menschen als absolut auf-
tritt. Das zweite Tier ist eine Macht nicht weltlicher, sondern
geistlicher Ordnung. Es steht indessen im Dienst des ersten
Tieres.

Es wird gesagt:

> Die ganze Macht des ersten Tieres übte es vor dessen Au-
> gen aus. Es brachte die Erde und ihre Bewohner dazu,
> das erste Tier anzubeten, dessen tödliche Wunde geheilt
> war (13,12).

Johannes nimmt in bezug auf das erste Tier wieder den Ausdruck »dessen tödliche Wunde geheilt war«. So wie er immer
sagt »das geschlachtete Lamm«, wird er für das erste Tier immer sagen »jenes, dessen tödliche Wunde geheilt war«. Das
zweite Tier steht im Dienst des ersten; es ist sein Vertreter,
sein Werkzeug. Es übt alle Macht des ersten Tieres aus; als
dessen Vollstrecker. Es ist seine Aufgabe, die Erde und ihre
Bewohner dazu zu bewegen, das Imperium anzubeten. Was

Schlier veranlaßt zu sagen: »Es ist in Wirklichkeit eine Funktion der weltlichen Macht.« Seine Rolle besteht darin, das erste Tier mit einer Art religiösem Heiligenschein zu umgeben, den Kult des ersten Tieres zu rechtfertigen, zu begründen, anzuregen, zu ermutigen, zu organisieren, Johannes nennt es den »falschen Propheten« (19,20) oder den »Propheten der Lüge«. Um sein Ziel zu erreichen, benutzt es drei Methoden:
– Es bedient sich außernatürlicher Kräfte.

Es tat große Zeichen; sogar Feuer ließ es vor den Augen der Menschen vom Himmel auf die Erde fallen. Es verwirrte die Bewohner der Erde durch die Wunderzeichen, die es im Auftrag des Tieres tat (13,13–14a).

Man muß beachten, daß Johannes auf den Zeichen besteht: in Wirklichkeit magische Kräfte, die hier dem Text zufolge das Wunder des Elija, die Macht der zwei Zeugen nachäffen.

– Es läßt eine Statue zu Ehren des Tieres aufstellen.

Es befahl den Bewohnern der Erde, ein Standbild zu errichten zu Ehren des Tieres, das mit dem Schwert erschlagen worden war und doch wieder zum Leben kam (13,14b).

Johannes wiederholt stets und ständig »das Tier, das die Wunde trägt und das geheilt wurde«; er will dadurch deutlich machen, daß das weltliche Tier die widersprechende Antwort darstellt auf das Lamm, den Erlöser.

Es bewegt die Bewohner der Erde dazu, ein Standbild zu Ehren des Tieres aufzustellen. Das ist hier, so scheint es, eine Beschwörung des Kults, der den Statuen, den Bildern des Imperators dargebracht wird. Das Tier animiert den Kaiserkult, die gottesdienstähnliche Verehrung des Imperiums.

– Es belebt die Statue des Tieres und macht seine Verehrung verpflichtend.

Es wurde ihm Macht gegeben, dem Standbild des Tieres Lebensgeist zu verleihen, so daß es auch sprechen konnte, und bewirkte, daß alle getötet wurden, die das Standbild des Tieres nicht anbeteten (13,15).

So gibt es dem Kaiserkult eine Art Atem, eine Art Geist der Lüge. Schlier spricht mit Recht von einer gotteslästerlichen Trinität: Da ist der Drache, dann das erste Tier und jetzt dieser eingehauchte Geist, dieser dem Kaiserkult eingeflößte heidnische Atem. Wir haben da eine Maskerade der Trinität. Der Kult des Tieres, den es animiert, wird zur allgemeinen Pflicht gemacht.

> Die Kleinen und die Großen, die Reichen und die Armen, die Freien und die Sklaven, alle zwang es, auf ihrer rechten Hand oder auf ihrer Stirn ein Kennzeichen anzubringen. Kaufen oder verkaufen konnte nur, wer das Kennzeichen trug: den Namen des Tieres oder die Zahl seines Namens (13,16–17).

Der Kult des Tieres ist also keine persönliche und private Angelegenheit, sondern eine öffentliche. Jeder einzelne wird verpflichtet, ein Glaubensbekenntnis abzulegen. Jedermann, ob klein oder groß, reich oder arm, muß danach das Zeichen des ersten Tieres tragen, dank der Aktion des zweiten. Und das unter der Strafandrohung, wirtschaftlich und vital erdrosselt zu werden: eine wahre Machtergreifung.

Niemand kann etwas kaufen oder verkaufen, wenn er nicht mit dem Zeichen des ersten Tieres, der Zahl seines Namens, markiert ist.

Hier gibt Johannes die Zahl an, mit der Forderung, sehr verständig zu sein. Niemand wird sich rühmen können, sie ganz genau begriffen zu haben.

> Hier braucht man Kenntnis. Wer Verstand hat, berechne den Zahlenwert des Tieres. Denn er ist die Zahl eines Menschennamens; seine Zahl ist sechshundertsechsundsechzig (13,18).

Die Zahl des Tieres, nach einigen Handschriften 616, hat offensichtlich viele neugierig gemacht. Die Alten benutzten Buchstaben anstelle von Ziffern, die Buchstaben hatten folglich Zahlenwert. Ziffer und Buchstabe sahen sich gleichwertig beieinander. Jedes Wort konnte also einer bestimmten Zahl entsprechen. Welchen Namen ergibt nun die Summe

der Zahl 666 oder 616? Alle Arten von Möglichkeiten . . .
Kaisar Theos, die griechische Formel für »Cäsar ist Gott«?
Wenn wir die Buchstaben dieser Formel addieren, erhalten
wir als Ergebnis 616.

Es gibt andere Möglichkeiten. Die überwiegende Mehrheit
der neueren Kommentare neigt zur Annahme, daß die Zahl
666 den Kaiser Nero bezeichnet. Sicher ist, daß der heilige
Irenäus den Schlüssel dieses Rätsels bereits nicht mehr kannte.
Es scheint sehr gut möglich, daß es eine Geheimzahl ist, eine
Geheimbezeichnung der römischen Kaiser-Gottheit.

So also stellt sich Johannes die Geschichte vor. Die Kirche
wird sich mit den beiden Tieren konfrontiert finden. Die
Tiere, erklärt er, sind die Symbole der profanen Macht und
der geistlichen Macht, die die Erde beherrschen. In diesen
Gestalten spiegeln sich klar Rom und das römische Imperium,
nicht für sich, sondern als das prophetische Sinnbild der profanen Gewalt, die eine absolute Macht über die Welt errichtet.

Was gibt es demgegenüber? Die Stunde der Standhaftigkeit
und des Glaubens.

Diese beiden Kapitel der Apokalypse bilden eigentlich eine
Einheit. Das Kapitel 12 gab eine Art Zusammenhangschau,
in der die Geschichte auf die Konfrontation der Frau, Volk
Gottes, mit dem Drachen hinausläuft. Das Kapitel 13 zeigte,
daß die Geschichte sich abspielt in einem Gegenüber der
christlichen Gemeinde und der doppelten Macht des heidnischen Imperiums, das sich die Intellektuellen und sogar den
Klerus einverleibt.

4. Kapitel   Beim Untergang der Stadt harrt die erlöste Gemeinde in der Nachfolge Christi aus

Seit der Öffnung des Buches durch das auferstandene und siegreiche Lamm folgten einander unaufhörlich die Plagen; dann, vor der Szene des Kleinen Buches und der Ausmessung des Tempels, das Eingreifen der Engel mit den Posaunen, die wiederum den beiden Zeugen Platz machen und dann der Frau, gegenüber dem Drachen, und den zwei Tieren.

In all diesen Ereignissen schien die Person Christi von der Szene verschwunden, wir sehen ihn nicht erscheinen, er befand sich sozusagen im Hintergrund. In Wahrheit ist er immer gegenwärtig, denn er ist der Herr der Kirche, und es ist sein Blut, in welchem die Erwählten ihre Kleider waschen. Seine Gegenwart wird für Augenblicke angedeutet in 13,8, wo wir von jenen hören, deren Name seit Anbeginn der Welt eingetragen ist im Lebensbuch des geschlachteten Lammes. Er ist es, gegen den der Drache, seine Tiere und die Bewohner der Erde kämpfen. Es ist sein Zeugnis, das die Seinen besitzen (12,17). Jedesmal greift Christus nicht direkt in aktiver Weise in den Ablauf der Ereignisse des endzeitlichen Kampfes ein, dem Fresko entsprechend, das Johannes hiervon zeichnet. Er hat den Sieg schon errungen, durch seinen Tod und seine Auferstehung, den entscheidenden Sieg.

Dieser Sieg trägt seine Früchte in der Geschichte. Er wird wiederkommen. In der Apokalypse wird er am Ende wiederkommen zum letzten Kampf, um ihn persönlich und direkt zu führen. Christus erscheint zum Augenblick der Öffnung des Buches, und er wird am Ende wiederkommen als handelnde Gestalt der Heilsgeschichte zur letzten Schlacht im Augenblick des Gerichts.

In solcher Sicht ist die Vision dieses Kapitels (14,1–5) nur um so kostbarer. Sie ist ein Lichtblick nach den tragischen Visionen der Inthronisation des Tieres durch den Drachen und nach den Machenschaften des falschen Propheten. Dieses Erscheinen ist eine flüchtige Erscheinung. Christus erscheint auf dem Berg. Er erscheint nicht als direkt handelnde Gestalt der Geschichte, sondern als »ausübender Akteur«.

Man sieht ihn gar nicht, außer in Kapitel 5 und 19.

> Und ich sah: Das Lamm stand auf dem Berg Zion, und bei ihm waren hundertvierundvierzigtausend; auf ihrer Stirn trugen sie seinen Namen und den Namen seines Vaters (14,1).

Der Berg Zion ist bei den Propheten und in der Apokalypse der klassische Platz für die Versammlung der Geretteten. Es ist ein endzeitlicher Berg. Im Buch Obadja ist die Rede vom Berg Zion als Ort der Davongekommenen!

> »Ja, wie ihr getrunken habt auf meinem heiligen Berg, so müssen alle Völker jetzt unaufhörlich trinken: Sie trinken und taumeln, sie werden, als seien sie niemals gewesen. Auf dem Berg Zion aber gibt es Rettung, er wird ein Heiligtum sein, und das Haus Jakob nimmt die in Besitz, die es besetzten« (Obd 16–17).

Ebenso in der Prophetie des Joel, deren Text von Petrus am Pfingsttag zitiert wird (vgl. Apg 2,17–22).

> »Die Sonne wird sich in Finsternis verwandeln und der Mond in Blut, ehe der Tag des Herrn kommt, der große und schreckliche Tag. Und es wird geschehen: Wer den Namen des Herrn anruft, wird gerettet. Denn auf dem Berg Zion und in Jerusalem gibt es Rettung« (Joel 3,4–5).

»Zion« steht immer für »Gerettete«. In seiner wunderbaren Prophetie, wo sich die Volksversammlung des Neuen Bundes als Versammlung von Kleinen und Armen darstellt, hat Zefanja das »Selig die Armen, ihrer ist das Himmelreich!«

schon vorbereitet. Das Reich Gottes wird sich aus Armen, aus Erretteten, zusammensetzen.

> »An jenem Tag brauchst du dich nicht mehr zu schämen
> wegen all deiner schändlichen Taten, die du gegen mich
> verübt hast. Ja, dann entferne ich aus deiner Mitte die
> überheblichen Prahler, und du wirst nicht mehr hochmütig
> sein auf meinem heiligen Berg. Und ich lasse in deiner
> Mitte übrig ein demütiges und armes Volk, das seine Zu-
> flucht sucht beim Namen des Herrn. Der Rest von Is-
> rael . .« (Zef 3,11–13a).

Diese Prophetie des Zefanja ist verwandt dem Text von Offb 14,1.

Nach der Beschreibung der 144 000 auf dem Berg Zion mit dem Lamm wird von ihnen gesagt, daß sie »seinen Namen« tragen. Desgleichen bei Joel, daß diejenigen, welche »den Namen des Herrn« anrufen, gerettet werden. Es gibt eine Beziehung zwischen dem Berg Zion, den Erretteten und dem Namen Gottes. Hier wird der Name des Lammes mit dem Namen Gottes verbunden.

Ein anderer Text verdient gleichfalls zitiert zu werden, es ist der Exodus. In seinem Lied nach dem Durchzug durchs Rote Meer verkündet Mose, daß Gott sein Volk befreit, es den Ägyptern entreißt und durchs Rote Meer führt, ihm durch die Wüste den Weg weist, um es hinzugeleiten zu seinem »heiligen Berg«.

> »Du brachtest sie hin und pflanztest sie ein auf dem Berg
> deines Erbes. Einen Ort, wo du thronst, hast du gemacht;
> ein Heiligtum, Herr, haben deine Hände gegründet. Der
> Herr ist König für immer und ewig« (Ex 15,17–18).

Diese Versammlung auf dem Berg Zion ist eng verbunden mit dem Zielpunkt des Exodus, dem Ziel des Heilsweges. Der »Berg Zion« ist immer das Endziel, zu welchem Gott sein Volk geleitet. Er ist ein Symbol messianischer Hoffnung und ein Symbol von Sicherheit. In der johanneischen Vision von Offb 14 erscheint ja Christus als der Messias auf dem Berg Zion stehend. Er steht aufrecht: Haltung des auferstandenen Christus; als der siegreiche Messias steht er da, inmitten seines Volkes. Er ist dort nicht allein. Mit ihm sind da die 144 000, »auf ihrer Stirn trugen sie seinen Namen und den Namen seines Vaters«.

Diese 144 000 sind dieselben wie in der großen Vision. Sie wurden »mit dem Siegel bezeichnet«. Sie sind das messianische Volk, das Volk der Geretteten. Zum Beweis dafür tragen sie auf der Stirn den Namen Christi und den Namen seines Vaters.

Das ist schon eine Vorwegnahme dessen, was von den Erwählten des neuen Jerusalem gesagt wird: »Sie werden sein Angesicht schauen, und sein Name ist auf ihre Stirn geschrieben« (22,4).

Christus, das Lamm, erscheint als Haupt der endzeitlichen Kirche, der Gemeinde des losgekauften Volkes, das durch zwei Merkmale gekennzeichnet ist: beim Lamm auf dem Berg Zion und bezeichnet mit seinem Siegel.

Hier erfolgt nun ein klangvoller Einschub:

> Dann hörte ich eine Stimme vom Himmel her, die dem Rauschen von Wassermassen und dem Rollen eines gewaltigen Donners glich (14,2a).

Aber die Stimme der Ozeane und der einem göttlichen Geschehen jeweils vorausgehende Donner verwandeln sich in einen lieblichen, sehr harmonischen Gesang, der zur wunderbaren Harmonie wird, zu einer himmlischen Musik.

> Die Stimme, die ich hörte, war wie der Klang der Harfe, die ein Harfenspieler schlägt. Und sie sangen ein neues Lied vor dem Thron und vor den vier Lebewesen und vor den Ältesten (14,2b–3a).

Der Ausdruck »ein neues Lied«, der wohl einen Gesang der Erlösung meint, beschwört in ganz besonderer Weise den Exodus. Es ist der Gesang des erretteten Volkes, des freigekauften, befreiten Volkes, und zwar empfangen die 144 000 diesen Gesang von oben her. Vielleicht kann er deshalb wahrhaftig ein Lied der Erlösung genannt werden. Wir können die Formel »ein neues Lied« als den Gesang deuten, der die endzeitliche Befreiung besingt: »der Gesang der neuen Menschheit«.

Aber niemand konnte das Lied singen lernen außer den Hundertvierundvierzigtausend, die freigekauft und von der Erde weggenommen worden sind (14,3).

Es ist ein göttlicher Gesang und daher den 144 000 vorbehalten, die dann vom Seher nachgezeichnet werden durch vier Kennzeichen ihrer moralischen, mystischen Besonderheit und ihrer geistlichen Gestalt. Die Beschreibung geschieht in Form eines Hymnus.

Das Bild der 144 000

Sie sind es, die sich nicht mit Weibern befleckt haben; denn sie sind jungfräulich (14,4).

Der Ausdruck »mit Weibern befleckt« ist im geistlichen Sinn zu nehmen, das ist offensichtlich. Der Kontext zeigt, daß die 144 000 das Volk Gottes bezeichnen, alle Christen, folglich Männer und Frauen. Aus demselben Grund kann es sich, zumindest im strengen Sinn, nicht einzig um eine Gruppe von 144 000 christlichen Asketen handeln, die auf die Ehe verzichtet haben. Anzunehmen, daß Johannes hier innerhalb der christlichen Gemeinde diejenigen bezeichnen wollte, die sich Christus durch die Jungfräulichkeit geweiht haben, hieße das Feld der Geretteten extrem einengen. Überdies käme man, wenn man diese Deutung annähme, zu dem Schluß, daß für Johannes die Ehe eine Befleckung wäre. Was schwerlich anzunehmen ist! Wir wollen also die Jungfräulichkeit im symbolischen Sinn begreifen, »in weitem und gleichnishaftem Sinn«, wie die TOB sagt.

Ganz im Sinne eines recht traditionellen biblischen Bildes bezeichnet die Jungfräulichkeit »die Lauterkeit und Treue der Kirche, die sich von jeder Berührung mit dem Götzendienst der Welt fernhält« (TOB). Sie haben sich nicht mit den Götzen, mit den falschen Propheten befleckt. Das ist die biblische Sicht, da der Götzendienst betrachtet und immer bezeichnet wurde als eine Prostitution, als Untreue.

131

Wir können diesen Text des Johannes in einer gewissen Nähe zum Epheserbrief betrachten. Paulus sagt, daß »Christus die Kirche geliebt und sich für sie hingegeben hat, um sie im Wasser und durch das Wort rein und heilig zu machen. So will er die Kirche herrlich vor sich erscheinen lassen, ohne Flekken, Falten oder andere Fehler; heilig soll sie sein und makellos« (Eph 5,25–27). Es ist die »heilige und makellose« Kirche, durch Christi Herrlichkeit herrlich, die hier beschworen wird: die Kirche in ihrer Unverfälschtheit und ihrer Treue zum Herrn. »Gleichzeitig kann es sich hier um eine konkretere Abwehrstellung handeln – sagt die TOB – und das würde die etwas realistische Ausdrucksweise rechtfertigen, gegen die Praktiken der sakralen Prostitution.« Sehr oft war Götzendienst mit Prostitution verbunden. Vielleicht ist die vom heiligen Paulus an die Korinther geschriebene Warnung vor der Unkeuschheit (1 Kor 6) schon eine Aufforderung, sich vor dem Götzendienst zu hüten.

Diese Deutung verstärkt noch die erste. Die Versammlung der 144 000 stellt die Kirche dar in ihrer Treue zu Gott. Sie lehnt jede Berührung mit dem Götzendienst der Welt ab, sie will sich nicht den falschen Göttern prostituieren, weder geistlich noch konkreter.

Einige Exegeten nehmen indessen an, daß Johannes gleichzeitig an die durch die Jungfräulichkeit Christus geweihten Christen denkt, Männer und Frauen, insofern sie durch ihre Weihe auf ganz besondere Weise die Weihe der Kirche an Gott und an Christus darstellen. In erster Hinsicht ist es die Kirche, die Christus treu ist. Aber man kann denken, daß Johannes in Überlagerung der Gedanken auch all die Geweihten im Blick hat, insofern sie die Hingabe der ganzen Kirche repräsentieren, wie ja auch die Märtyrer auf ganz besondere Weise die Treue zu Gott darstellen: sie sind die Kirche in ihrer Treue bis zum Ende, bis aufs Blut, in ihrer Treue zu Gott und zu Christus. Denn sie sind jungfräulich, das heißt geweiht und treu, lauter und Christus treu.

Sie folgen dem Lamm, wohin es geht (14,4b).

Das ist die Definition der Kirche: sie folgt dem Lamm. Es handelt sich nicht um eine himmlische Promenade, sondern um die Gemeinsamkeit in der Bestimmung und um die geistliche Zusammengehörigkeit. Die endzeitliche Gemeinde wird durch dieses Gehen »in der Nachfolge« Christi erklärt und bereits zu Beginn des Johannesevangeliums aufgezeigt, wo Christus durch den Täufer als »Lamm Gottes« bezeichnet wird; am folgenden Tag begeben sich zwei Jünger »in die Nachfolge« dessen, der erneut »Lamm Gottes« genannt wird (Joh 1,29).

Das Thema »Nachfolge Jesu« ist kennzeichnend für das johanneische Denken. Wir können hier unter anderem ein Band erkennen zwischen dem vierten Evangelium und der Apokalypse.

Am Ende des Evangeliums wird die Berufung des Petrus und die des Johannes in dem Wort: »Folge mir!« zusammengefaßt.

Jesus sagt zu Petrus: »Als du noch jung warst, hast du dich selbst gegürtet und konntest gehen, wohin du wolltest. Wenn du aber alt geworden bist, wirst du deine Hände ausstrecken, und ein anderer wird dich gürten und dich führen, wohin du nicht willst.« Er deutete dadurch an (kommentiert Johannes), durch welchen Tod er Gott verherrlichen würde. Nach diesen Worten sagte er zu ihm: »Folge mir!« (Joh 21,18–19). Ermessen wir hier, bis wohin das Gehen »in der Nachfolge Christi« führt. Im Falle des Petrus bedeutete es, Christus zu folgen bis in sein Geheimnis von Tod und Auferstehung, das heißt bis zum Ostermysterium der Herrlichkeit. Mit Christus sollte er dadurch »Gott verherrlichen«. Solches Gehen auch für Johannes selbst, der ihnen folgte.

Eine Ähnlichkeit zeigt sich in Gegenüberstellung des Ausdrucks: »Sie folgen dem Lamm, wohin es geht« (Vers 4) und Offb 13,3, wo es um das erste Tier, das heidnische, imperiale Tier, geht: »Und die ganze Erde sah dem Tier staunend nach.« Auf der einen Seite also diejenigen, deren Blicke voll Bewunderung dem teuflischen Tier folgen, auf der anderen

Seite die 144 000, die dem Lamm überallhin folgen, wohin es geht, ohne Vorbehalt.

»Sie folgen dem Lamm, wohin es geht«, bedeutet, daß sie für Christus sind, daß sie mit dem Lamm verbunden sind, zusammengehörig mit dem Lamm, daß sie an ihm teilhaben. Aber warum dies? Die Antwort gibt uns das dritte Merkmal ihrer geistlichen Gestalt:

Sie allein unter allen Menschen sind freigekauft als Erstlingsgabe für Gott und das Lamm (14,4c).

Sie haben teil an Christus, weil sie freigekauft sind, losgekauft im strengen Sinn des Wortes. Sie waren Sklaven. Er hat sie gekauft. Im Alten Testament hat Gott sein Volk freigekauft, das heißt, daß er es aus Ägypten befreit hat, daß er es der Knechtschaft, der Welt des Götzendienstes, entrissen hat, vom Heidentum weggezogen, um es für sich zu weihen durch den Bundesschluß.

Sie sind »die Erstlingsgabe für Gott und das Lamm«. Dieser Ausdruck »die Erstlingsgabe« ist von Jeremia hergenommen. Durch dieses Bild bezeichnete Jeremia das Gottesvolk, das, seinem Retter folgend, durch die Wüste zog.

»So spricht der Herr: Ich denke an deine Jugendtreue, an die Liebe deiner Brautzeit, wie du mir in der Wüste gefolgt bist, im Land ohne Aussaat. Heiliger Besitz war Israel dem Herrn, Erstlingsfrucht seiner Ernte. Wer davon aß, machte sich schuldig, Unheil kam über ihn – Spruch des Herrn« (Jer 2,2–3).

Durch die »Erstlingsgabe für Gott und das Lamm« wird der Bund beschworen, und dieser Bund ist ein Bund der Liebe zwischen Gott und seinem Volk.

In ihrem Mund fand sich keinerlei Lüge. Sie sind ohne Makel (14,5).

Der Ausdruck »die Lüge« bezeichnet in der Bibel oft den Götzendienst. Götzendienst aber nicht nur, insofern er Treulosigkeit darstellt, eine Prostitution mit den falschen Göttern, sondern vielmehr, insofern er ein Glaube an das Nichts ist, ein Abfallen zum Nichts der Götzen, die nur Lüge sind. Das Thema »Lüge« ist nahe verwandt dem Thema »Nichtigkeit«. Wir müßten diesen Text mit dem Römerbrief vergleichen: »Sie behaupten, weise zu sein, und wurden zu Toren. Sie vertauschten die Herrlichkeit des unvergänglichen Gottes mit Bildern, die einen vergänglichen Menschen ... darstellen. Darum lieferte Gott sie durch die Begierden ihres Herzens der Unreinheit aus ...« (Röm 1,22–24a). »Sie verfielen in ihrem Denken der Nichtigkeit« (Röm 1,21). Der Ausdruck »in ihrem Mund fand sich keinerlei Lüge« bedeutet: »sie geben der Nichtigkeit nicht nach«. Wir können diesen Text auch mit dem Johannesevangelium vergleichen, wo »der Herrscher der Welt« (Joh 4,30), der Teufel, als »Lügner und Vater der Lüge« umschrieben wird. In diesem Ausdruck liegt eine Anspielung auf den Götzendienst, insofern er das Werk dessen ist, der »Vater der Lüge« ist, Vater des Nichts und Fürst der Nichtigkeit.

»Sie sind ohne Makel«. Das ist das zweite Element dieses letzten Merkmals; es charakterisiert allein schon diese um das Lamm gruppierte Versammlung, indem es alle anderen Merkmale vereint. »Sie sind ohne Makel«; nicht selten werden die Christen bezeichnet als ein Volk ohne Makel, untadelig, durch die Gnade Christi. Das kehrt oft wieder in den paulinischen Schriften (Eph 1,4; Phil 2,15; Kol 1,22), vermutlich war es Bestandteil der urkirchlichen Unterrichtung. Sie betrachteten sich als ein Volk, das – Erfordernis der Taufgnade in ihnen – vor Gott ein Volk ohne Schuld, ohne Tadel sein sollte.

Für sich genommen, stammt dieser Ausdruck aus den levitischen Vorschriften. Es ist ein biblisches Wort wie das »ohne Lüge«. Nach levitischer Vorschrift mußte ein Tier, das für ein Opfer angeboten wurde, »fehlerlos« sein. In diesem Sinn benutzt Petrus den Ausdruck: »Ihr wißt, daß ihr aus eurer sinnlosen, von den Vätern ererbten Lebensweise nicht um einen vergänglichen Preis losgekauft wurdet, nicht um Silber oder Gold, sondern mit dem kostbaren Blut Christi, des Lammes ohne Fehl und Makel. Er war schon vor Erschaffung der Welt dazu ausersehen, und euretwegen ist er am Ende der Zeiten erschienen« (1 Petr 1,19–20). Der Vergleich dieses Petrustextes mit Offb 14,5 ist deswegen interessant, weil die 144 000 »fehlerlos« sind, makellos und untadelig, denn sie wurden gereinigt durch das Blut des »fehlerlosen« Lammes.

Soweit die Beschreibung der Kirche, wie sie Johannes in dieser Vision gibt. Die Vision ist eine Ruhepause, wie ein Innehalten mitten in der Entfesselung der endzeitlichen, apokalyptischen Plagen, vor allem nach der Vision der beiden Tiere und des furchtbaren Kampfes, in den sich der Christ verwickelt sieht. Die Vision ist für ihn wie ein Lichtblick, um ihm zu zeigen, an wen er sich anschließt.

Eine letzte Frage stellt sich bei dem Text: Wo und zu welcher Zeit genau spielt diese Vision? Wo ist der Berg Zion? Dieselbe Frage stellte sich im Kapitel 7. Johannes hatte da die 144 000 in weißen Gewändern mit Palmen in den Händen schreiten sehen. Sind sie auf der Erde? Ist dies schon das endliche Jerusalem? Eine Vorwegnahme des Endes? Dieselbe Frage wird sich noch stellen vor der Entfesselung der Plagen.

> Dann sah ich etwas, das einem gläsernen Meer glich und mit Feuer durchsetzt war. Und die Sieger über das Tier, über sein Standbild und über die Zahl seines Namens standen auf dem gläsernen Meer und trugen die Harfen Gottes. Sie sangen das Lied des Mose … (15,2–3a).

Wo spielt sich dies ab? Es scheint schwerlich anzunehmen, dies sei schon die Ewigkeit, das himmlische Jerusalem. Beim Lesen der Kapitel 21 und 22 sehen wir eine neue Welt anfangen. Die Frage bleibt also gestellt. Einige Autoren sagen ohne Zögern, daß die 144 000 dieser Vision in Wirklichkeit die irdische Kirche vertreten; sie, die Kirche auf Erden, sei schon die Versammlung der 144 000 mit dem Namen des Lammes auf der Stirn, aber der Glaube allein erkenne diese Wirklichkeit in der Gemeinde, dem Johannes enthülle sich das verborgene Mysterium der Kirche.

Comblin schlägt eine eigene Lösung vor. Er denkt, daß die

unterschiedlichen Prozessions-Szenen in Offb 1 und Offb 14 die Märtyrer darstellen, die ihr Leben für Christus gegeben haben und nun das Kommen des himmlischen Jerusalem erwarten. Für ihn gäbe es hier eine konkrete Darstellung der Herrschaft des Gottsvolkes, von der Johannes sagt, daß sie der endgültigen Wiederkunft Christi vorausgeht und tausend Jahre dauern wird (20,5–6). Das wäre eine der Deutungen der johanneischen tausend Jahre. Der Autor schließt die Möglichkeit nicht aus, daß nach Vorstellung des Johannes die in der Treue zu Christus auf Erden pilgernde Kirche angeschlossen sei an die Erwählten, die ebenfalls die Parusie erwarten. Es wäre also ein Bild der heute auf Erden wandelnden Gemeinde in Vereinigung mit denen, die den Sieg errungen haben: Die Kirche auf der Erde und die Kirche im Himmel bilden eine Einheit, beide erwarten gemeinsam die endgültige Ankunft des Lammes im neuen Jerusalem. Diese Deutung erscheint recht interessant.

Eine geläufige, seit Augustinus angenommene Interpretation setzt das »Millennium«, in welchem die Erwählten und Heiligen des Christus regieren, schlicht und einfach gleich mit der Kirche bis zum Ende der Zeiten. Johannes sieht das Mysterium der Kirche, welches sich heute auf Erden erfüllt, schon in Vollendung begriffen, an der Schwelle der Ewigkeit, in der Erwartung der endlichen Erneuerung.

Nach dieser strahlenden Vision der 144 000, die dem Lamm folgen, und die über das Tier gesiegt haben, aufrecht am Strand des gläsernen mit Feuer durchsetzten Meeres stehend, neu das Lied des Mose singend, das umgeformt wurde in das Lied des Lammes (Offb 14), gelangt Johannes zur »Sieben« der Schalen, zu den letzten sechs endzeitlichen Plagen, die selbst die siebte Schale vorbereiten, den Sturz der großen heidnischen Stadt, Symbol der Stadt, die sich dem Gott der Christenheit verweigert, die gegen Gottes Herrschaft aufsteht: das imperiale Babylon, Rom, das sich selbst als Götzen verehrt.

Dieser Abschnitt der Apokalypse ist eine große, lyrische, stellenweise bewegende Dichtung über den Untergang der heidnischen Stadt, über das Scheitern des menschlichen Unterfangens, sich selbst zu erschaffen und zu vollenden, ohne Gott.

Denn vom Zornwein ihrer Unzucht haben alle Völker getrunken, und die Könige der Erde haben mit ihr Unzucht getrieben. Durch die Fülle ihres Wohlstands sind die Kaufleute der Erde reich geworden. Dann hörte ich eine andere Stimme vom Himmel her rufen: Verlaß die Stadt, mein Volk, damit du nicht mitschuldig wirst an ihren Sünden und von ihren Plagen mitgetroffen wirst ... Sie dachte bei sich: Ich throne als Königin, ich bin keine Witwe und werde keine Trauer kennen (18,3–4, 7b).

Die Stadt hat ihr Vertrauen auf eigenen Reichtum gesetzt, auf ihre Macht und auf die Bestätigung ihres Willens zur Macht. In einem schönen lyrischen Gesang wird ihr Untergang beschrieben, wahrhaftes Klagelied von der menschlichen Stadt, die untergeht: Stadt blühender Wirtschaft, pseudoreligiöse Stadt ... alles verschwindet:

Dann hob ein gewaltiger Engel einen Stein auf, so groß wie ein Mühlstein; er warf ihn ins Meer und rief: So wird Babylon, die große Stadt, mit Wucht hinabgeworfen werden, und man wird sie nicht mehr finden. Die Musik von Harfenspielern und Sängern, von Flötenspielern und Trompetern hört man nicht mehr in dir. Einen kundigen Handwerker gibt es nicht mehr in dir. Das Licht der Lampe scheint nicht mehr in dir. Die Stimme von Braut und Bräutigam hört man nicht mehr in dir. Deine Kaufleute waren die Großen der Erde, deine Zauberei verführte alle Völker. Aber in ihr war das Blut von Propheten und Heiligen und von allen, die auf der Erde hingeschlachtet worden sind (18,21–24).

Die verklärte Kirche

1. Kapitel — Die neugeschaffene Menschheit

Die Apokalypse geht zu Ende mit einer großartigen Vision:
Christus erscheint auf den noch rauchenden Ruinen der stol-
zen und reichen hoffärtigen Stadt.

> Danach hörte ich etwas wie den lauten Ruf einer großen
> Schar im Himmel: Halleluja (19,1).

Johannes zeigt den Christen diese Vision zur Zeit der Verfolgung gegen Ende des ersten Jahrhunderts: Quelle von Hoffnung in dem harten Kampf, den sie zu bestehen haben. Es ist
kein Traum, sondern eine Verheißung. Gott selbst setzt sich
ein; seine Ehre steht auf dem Spiel.
Zum erstenmal ertönt die Verkündigung der Hochzeit des
Lammes:

> Selig, wer ... eingeladen ist (19,1),

mit den Worten, die jeden Tag in der Liturgie vor dem Emp-
fang des Leibes Christi feierlich gesprochen werden: »Selig,
die zum Hochzeitsmahl des Lammes geladen sind«.
Christus kommt zum Jüngsten Gericht. Er kommt auf einem
weißen Pferd, weiß wie das »Wort Gottes«, aber »bekleidet
war er mit einem blutgetränkten Gewand« (19,11 f). Einige
Exegeten sehen darin eine Anspielung auf die Passion Christi. Vor uns steht die Idee vom Zeugnis durch das Wort und
für das Wort, bis zum Ende, bis zum Vergießen des Blutes
aus Treue zu Gott. Nach dieser Beschreibung des Kommens
Christi zur Parusie erfolgt sehr rasch das Gericht; eine Art
Aufstand der irdischen Städte, und vor dem Hauch des Christus stürzt einfach alles zu Boden. Es wird nur gesagt:

Sie schwärmten aus über die weite Erde und umzingelten das Lager der Heiligen und Gottes geliebte Stadt. Aber Feuer fiel vom Himmel und verzehrte sie (20,9).

Eine Art Schlußbild stellt uns noch einmal das ganze Drama der Geschichte vor Augen.

Dann sah ich einen neuen Himmel und eine neue Erde; denn der erste Himmel und die erste Erde sind vergangen, auch das Meer ist nicht mehr (21,1).

Das ist von nun an der Horizont der Geschichte.

Die Kapitel 21 und 22 stellen eigentlich eine Einheit dar. Selbst wenn, einigen Exegeten zufolge, diese beiden Kapitel aus Teilen unterschiedlicher Herkunft zusammengefügt wurden, bilden sie ein Ganzes.

Um die Lektüre zu erleichtern, können wir hier drei ineinander übergehende Visionen von zunehmender Deutlichkeit unterscheiden:

– Erste Vision: 21,1–8. Der neue Himmel und die neue Erde.

– Zweite Vision: 21,9–27. Die Beschreibung des neuen Jerusalem.

– Dritte Vision: 22,1–6. Die neue Gottesverehrung in der neuen Liturgie.

Diese drei Visionen lassen uns Schritt für Schritt in die neue Wirklichkeit eintreten. Sie beginnen jeweils mit der apokalyptischen Einführungsformel: »Dann sah ich« (21,1); »Der Engel zeigte mir« (21,10b); »Er zeigte mir« (22,1). Am Ende steht jedesmal eine Ausschlußformel, ein Bannfluch, der an das Gottes-Urteil erinnert.

Aber die Feiglinge und Treulosen, die Befleckten, die Mörder und Unzüchtigen, die Zauberer, Götzendiener und alle Lügner – ihr Los wird der See von brennendem Schwefel sein. Dies ist der zweite Tod (21,8).

Aber nichts Unreines wird hineinkommen, keiner, der Greuel verübt und lügt. Nur die, die im Lebensbuch des Lammes eingetragen sind, werden eingelassen (21,27).

Draußen bleiben die »Hunde« und die Zauberer, die Unzüchtigen und die Mörder, die Götzendiener und jeder, der die Lüge liebt und tut (22,15).

Jedes dieser Worte von Ausschluß und Bannfluch erinnert daran, daß die göttliche Stadt eine Stadt der Heiligkeit ist. Jede dieser Visionen hat, so scheint es, zwei Teile: zunächst eine Beschreibung, dann so etwas wie ein Orakel.

Die erste Vision

Dann sah ich einen neuen Himmel und eine neue Erde; denn der erste Himmel und die erste Erde sind vergangen, auch das Meer ist nicht mehr (21,1).

Alles Böse ist endgültig beseitigt. Alle Dinge sind neu. Die Prophetie des Jesaja wird Wirklichkeit:

»Denn schon erschaffe ich einen neuen Himmel und eine neue Erde. Man wird nicht mehr an das Frühere denken, es kommt niemand mehr in den Sinn« (Jes 65,17).

Alle Leiden, Ängste und Kämpfe, die so abgrundtief die Menschheit gezeichnet hatten, all das wird überwunden sein.

»Nein, ihr sollt euch ohne Ende freuen und jubeln über das, was ich erschaffe . . .« (Jes 65,18a).

Das verbindet Johannes mit Jesaja. Was will Gott erschaffen? Jerusalem. Aber Jerusalem mit seinem wahren Namen:

»Denn ich mache aus Jerusalem Jubel und aus seinen Einwohnern Freude. Ich will über Jerusalem jubeln und mich freuen über mein Volk. Nie mehr hört man dort lautes Weinen und lautes Klagen« (Jes 65,18b–19).

Der Prophet weissagt die Freude eines Volkes, auch die Freude Gottes.

Im Zentrum der neuen Schöpfung erscheint das »neue Jerusalem«, die »heilige Stadt«. Und Johannes sieht sie vom Himmel herabkommen.

Ich sah die heilige Stadt, das neue Jerusalem, von Gott her aus dem Himmel herabkommen (21,2a).

Die Visionen des Johannes sind, noch einmal, keine starren Bilder, sondern Bewegung. Hier ist es die neue Stadt, die als Gnade Gottes kommt . . . Sie kommt »von Gott her aus dem

142

Himmel«. Sie stammt aus dem Herzen Gottes. Dieses Merkmal wurde oft von den Exegeten unterstrichen, um zu zeigen, daß es sich hier um göttliche Initiative handelt, um eine Gnade, welche die ganze menschliche Geschichte zu ihrer höchsten Vollendung bringen wird. Theilhard de Chardin, der so stark den Akzent auf Fortschritt und Entwicklung legte, auf das Voranschreiten der Menschheit zum Punkt »Omega« hin, ließ durchaus zu, daß es schließlich einen Bruch gäbe und ein göttliches Eingreifen, das allein imstande sei, das Schaffen und die tiefste Sehnsucht der Menschheit zu wahrer Erfüllung zu bringen, aus Gnade. Hier finden sich die Kontinuität und der Aufbruch, die Geschichte und das Jenseits-der-Geschichte zugleich bestätigt, denn es ist immer Jerusalem.

Was Gott bringt, ist nicht etwas völlig anderes zu dem, was zuvor existierte. Es ist Jerusalem, aber völlig neu, da es ja Gottes Werk ist. Es ist das von den Propheten angekündigte Jerusalem, aber seine Wirklichkeit übertrifft alles, was sie erwarten ließen. Die neue Stadt ist das Zeichen für eine Erneuerung des Bundes, denn Johannes fährt fort:

Sie war bereit wie eine Braut, die sich für ihren Mann geschmückt hat (21,2b).

Dies ist Formel für einen Bund, und zwar für einen Bund der Liebe. Das neue Jerusalem ist also das Zeichen einer Erneuerung des Bundes in vollkommener Liebe, gänzlich vollendet.

Da hörte ich eine laute Stimme vom Thron her rufen: Seht die Wohnung Gottes unter den Menschen! Er wird in ihrer Mitte wohnen, und sie werden sein Volk sein; und er, Gott, wird bei ihnen sein (21,3).

Das ist eine Bundesformel, die von Ezechiel (37,27) stammt; Gott wohnt endgültig bei seinem Volk. Die intime Einheit Gottes mit seinem Volk wird übertragen in das Bild von der jungen Braut.

Der Verfasser der Offenbarung beruft sich hier auf eine reiche prophetische Überlieferung, welche die Einheit Gottes mit seinem Volk durch das Thema der Verlobung und

143

Hochzeit symbolisiert; zum Beweis mögen einige Erinnerungen genügen;

»Fürchte dich nicht, du wirst nicht beschämt; schäme dich nicht, du wirst nicht enttäuscht.

Denn die Schande in deiner Jugend wirst du vergessen, an die Schmach deiner Witwenschaft wirst du nicht mehr denken.

Denn dein Schöpfer ist dein Gemahl, »Herr der Heere« ist sein Name. Der Heilige Israels ist dein Erlöser, »Gott der ganzen Erde« wird er genannt« (Jes 54,4–5).

Die Menschheit wird dem Gott der ganzen Erde ehelich verbunden, dem Gott, der das Weltall geschaffen hat. Das ist das Verlöbnis, oder besser: die Hochzeit der Menschheit mit dem Schöpfer. Eine andere Jesajastelle unterstreicht die Freude der Braut; im vorigen Text war Gott der Sprechende, jetzt spricht Jerusalem:

»Von Herzen will ich mich freuen über den Herrn. Meine Seele soll jubeln über meinen Gott. Denn er kleidet mich in Gewänder des Heils, er hüllt mich in den Mantel der Gerechtigkeit, wie ein Bräutigam sich festlich schmückt und wie eine Braut ihr Geschmeide anlegt« (Jes 61,10).

Zur Ähnlichkeit zwischen diesem Text und der »Braut, die sich für ihren Mann geschmückt hat«, noch ein Jesaja-Zitat:

»Nicht länger nennt man dich »Die Verlassene« und dein Land nicht mehr »Das Ödland«, sondern man nennt dich »Meine Wonne« und dein Land »Die Vermählte«.

Denn der Herr hat an dir seine Freude, und dein Land wird mit ihm vermählt. Wie der junge Mann sich mit der Jungfrau vermählt, so vermählt sich mit dir dein Erbauer. Wie der Bräutigam sich freut über die Braut, so freut sich dein Gott über dich« (Jes 62,4–5).

Ebenso müßten wir Hosea 2,16–23 lesen, dann Jeremia 2,1 bis 3 und endlich Ezechiel 16: Da wird die ganze Geschichte der Liebe Gottes zu seinem Volk erzählt. Er hat es gefunden wie ein armes verlassenes Mädchen, als neugeborenes Kind. Er fand es auf freiem Feld ausgesetzt, in seinem Blut zappelnd. Der Herr hat es aufgehoben und mit seiner Glorie bekleidet. Wie alles Gnade ist, wurde dem Menschen gegeben, sich, der Gnade Gottes und der Freude auf die Hochzeit entsprechend, für diese Festfeier vorzubereiten. Johannes sagt uns, daß die Braut sich für ihren Mann »bereit gemacht« hat (19,7). Sie hat sich geschmückt! Interessanter Hinweis darauf, wie sich die Braut vorbereitet.

Denn gekommen ist die Hochzeit des Lammes, und seine Frau hat sich bereit gemacht.

Sie durfte sich kleiden in strahlend weißes Leinen. Das Leinen bedeutet die gerechten Taten der Heiligen (19,7–8).

Die ganze Kirchengeschichte, die ganze Geschichte der Menschheit auf dieser Erde ist eine Art Vorbereitung des hochzeitlichen Gewandes.

Dieser Vers ist äußerst wichtig. »Es wurde ihm gegeben«: Die Kirche, die Menschheit, müht sich, und sie muß sich anstrengen, »die gerechten Taten der Heiligen« zu vollbringen, und dennoch sind diese »Taten« eine Gnade Gottes: »Sie durfte sich kleiden in strahlend weißes Leinen. Das Leinen bedeutet die gerechten Taten der Heiligen.«

Alles ist Gnade, selbst die Fähigkeit, frei zu handeln, für Gott zu arbeiten, göttliche Werke zu tun. In der ewigen Hochzeit, die nun beginnt, erfüllt sich die Freude, die durch die Propheten, insbesondere durch den Deutero-Jesaja, verkündigt wurde. Im folgenden zeigt der Text, wie in dieser neuen Schöpfung alle Traurigkeit in Zukunft abgeschafft sein wird.

Er wird alle Tränen von ihren Augen abwischen:

Der Tod wird nicht mehr sein, keine Trauer, keine Plage, keine Mühsal. Denn was früher war, ist vergangen (21,4).

Alle im Lauf dieser langen Geschichte vergossenen Tränen werden weggewischt, abgewischt durch Gott. Anders gesagt: Der Bräutigam nimmt die Tränen vom Gesicht seiner Braut. Das Verschwinden des Todes ruft uns von neuem den Vers Genesis 3 in Erinnerung. Das nach dem Sündenfall über die Menschheit ergangene Strafurteil »Weil du gesündigt hast, mußt du sterben!«, ist überholt: Der Tod wird nicht mehr sein. Das ist der Sieg: Die Menschheit ist nicht zum Tod bestimmt, sondern sie ist bestimmt zu leben.

Wir erkennen das Buch der Weisheit wieder:

»Gott hat den Tod nicht gemacht und hat keine Freude am Untergang der Lebenden. Zum Dasein hat er alles geschaffen, und heilbringend sind die Geschöpfe der Welt. Kein Gift des Verderbens ist in ihnen, das Reich des Todes hat keine Macht auf der Erde; denn die Gerechtigkeit ist unsterblich« (Weish 1,13–14).

Die Bibel ist wahrlich das Buch des Lebens. Gott hat den Tod nicht gemacht . . . . Er hat alles geschaffen, damit alles besteht. Schon der Exodus verkündigte diese Wahrheit. Das Buch der Weisheit betont die Idee immer wieder:

»Gott hat den Menschen zur Unvergänglichkeit erschaffen und ihn zum Bild seines eigenen Wesens gemacht« (Weish 2,23).

Im Gedanken Gottes war der Mensch unvergänglich. »Er machte ihn zum Bild seines eigenen Wesens«, das unsterblich ist. Aber warum dann der Tod? Die Weisheit antwortet:

»Doch durch den Neid des Teufels kam der Tod in die Welt, und ihn erfahren alle, die ihm angehören« (Weish 2,24).

Gott hat den Tod nicht gemacht, und sein ursprünglicher Plan wird neue Wirklichkeit im neuen Jerusalem: »Der Tod wird nicht mehr sein.« »Keine Trauer, keine Plage, keine Mühsal, denn was früher war, ist vergangen.« Mit Christus hat die neue Welt begonnen.

Er, der auf dem Thron saß, sprach: Seht, ich mache alles neu. Und er sagte: Schreib es auf, denn diese Worte sind zuverlässig und wahr (21,5).

Diese Vision ist kein Traum, Johannes bekommt die Anweisung zu schreiben. Es ist eine Verheißung, deren Halt und Grundlage das Wort Gottes ist: Das Wort ist »zuverlässig und wahr«.

Wir setzen den Menschen nicht Opium vor, um sie einzuschläfern, einen Traum, damit sie der Angst entkommen.

146

Diese Worte stützen sich auf die Treue Gottes, auf das Wort Gottes, standfester als jeder Fels.

Nach der Beschreibung das Orakel dieser ersten Vision.

> Er sagte zu mir: Sie (– die Worte –) sind in Erfüllung gegangen.
> Ich bin das Alpha und das Omega, der Anfang und das Ende (21,6).

Gott gibt diesem Wort sozusagen seine eigenhändige Unterschrift. Das Wort Gottes bekräftigt, daß diese Verheißung zuverlässig ist: Ich bestätige, daß dies wahr ist. Ich gebe mein Siegel darauf. Ich unterschreibe: Alpha, Omega, das heißt Anfang und Ende. Nichts entgeht ihm, der am Beginn aller Dinge ist, dem Ursprung aller Dinge, und auch am Ende aller Dinge, ihm also, dessen Wort alles umfaßt. Mit dem Namenszug Gottes wird der Ausspruch verbindlich: »Es wird keinen Tod mehr geben«.

Nach der Verheißung ergeht eine Aufforderung Gottes an die Menschen, zur Quelle des lebendigen Wassers zu kommen.

> Wer durstig ist, den werde ich umsonst aus der Quelle trinken lassen, aus der das Wasser des Lebens strömt. Wer siegt, wird dies als Anteil erhalten: Ich werde sein Gott sein, und er wird mein Sohn sein (21,6b–7).

In der Bibel ist das Wasser das immer wiederkehrende Symbol des Lebens. Gott verspricht das Leben in Überfülle: Ich gebe umsonst aus der Quelle lebendigen Wassers. Als Unterpfand ausdrücklich für dieses Leben verspricht Gott den Menschen die Quelle selbst. »Umsonst!« Das alles soll Geschenk sein, für nichts, »aus Gnade«. Schon im Alten Testament war dieser Gedanke der Gnadenhaftigkeit geläufig.

> »Auf, ihr Durstigen, kommt alle zum Wasser! Auch wer kein Geld hat, soll kommen. Kauft Getreide, und eßt, kommt und kauft ohne Geld, kauft Wein und Milch ohne Bezahlung! Warum bezahlt ihr mit Geld, was euch nicht nährt, und mit dem Lohn eurer Mühen, was euch nicht satt macht? Hört auf mich, dann bekommt ihr das Beste zu essen und könnt euch laben an fetten Speisen. Neigt euer

Ohr mir zu, und kommt zu mir, hört, dann werdet ihr leben« (Jes 55,1–3a).

Was Gott den Menschen letztlich verspricht, ist die Quelle
lebendigen Wassers, und er verspricht sie als eine unversieg-
bare und gnadenhafte Quelle. All das soll dem Sieger als
Erbe gegeben werden: »Wer siegt, wird dies als Anteil erhalten: Ich werde sein Gott sein, und er wird mein Sohn sein.«

Die zweite Vision

Und es kam einer von den sieben Engeln, die die sieben
Schalen mit den sieben letzten Plagen getragen hatten.
Er sagte zu mir: Komm, ich will dir die Braut zeigen, die
Frau des Lammes (21,9).

In einer für Johannes und die semitische Mentalität charakte-
ristischen Weise wird nun dieselbe Wirklichkeit unter einem
anderen Aspekt dargestellt.

Eine globale Vision Jerusalems, der »Stadt Gottes«, ließ Jerusalem als die Braut, die Gemahlin erscheinen. Jetzt ist das
neue Jerusalem selbst der Gegenstand der Beschreibung. Die
Darstellung geht einen Schritt weiter.

Da entrückte er mich in der Verzückung auf einen großen,
hohen Berg und zeigte mir die heilige Stadt Jerusalem, wie
sie von Gott her aus dem Himmel herabkam (21,10).

Diese Vision nimmt wohl die vorige Vision wieder auf, geht
aber viel mehr in Einzelheiten. Johannes erkennt das neue
Jerusalem. Er sieht es herabkommen, ganz umgeben »von der
Glorie Gottes«.

Er erkennt die »himmlische Stadt«, und sein erster Eindruck
ist ein unbeschreiblicher Eindruck von Fülle und Licht:

Wie sie von Gott her aus dem Himmel herabkam, erfüllt
von der Herrlichkeit Gottes (21,10b–11a).

Unwillkürlich sehen wir hier wieder die Frau »mit der Sonne
bekleidet«. Es ist das gleiche Bild, in welchem nun das himmlische Jerusalem geschaut wird. Als Quelle dieses Lichtes
wird in den Versen 11 und 23 angegeben: die Herrlichkeit
Gottes, der die Stadt bewohnt, sie »erleuchtet« und leuchtend

macht. Die Stadt ist ganz davon durchdrungen. Sie ist verklärt durch die Herrlichkeit Gottes, der jetzt in ihr wohnt.

Die »Herrlichkeit« (»Glorie«) bedeutet im Alten Testament den strahlenden Glanz der Gottheit. Die »Herrlichkeit Gottes« war auf dem Sinai, als Mose den Berg bestieg, »wie ein verzehrendes Feuer«. Bei Jesaja erscheint die »Herrlichkeit« als ein »ewiges Licht« (Jes 60,2 und 19). Die »Herrlichkeit« ist das leuchtende Strahlen des göttlichen Wesens, der göttlichen Heiligkeit und der göttlichen Macht. Die biblische Bezeichnung »Herrlichkeit« enthält die Idee sowohl der Heiligkeit als auch der Macht, vor denen sich der Mensch, fasziniert und besiegt zugleich, als ein Nichts empfindet.

Die »Glorie Gottes« bewohnt und durchdringt das ganze neue Jerusalem, sie verleiht der Stadt selbst den Anblick göttlicher Heiligkeit: »Die heilige Stadt«. Die Aussage, daß sie strahlt »von der Herrlichkeit Gottes«, will sagen, daß sie die »heilige Stadt« ist, oder besser, daß Gott, »der ganz Andere«, dort wohnt. Ist doch das neue Jerusalem eine menschliche Realität und zugleich »ganz anders«. Die Glorie Gottes beschenkt Jerusalem mit dem Glanz des göttlichen »Ganz-Anders«, der Heiligkeit, der absoluten Reinheit. Jerusalem ist nicht mehr die profane Stadt, sondern die in den Bereich Gottes aufgenommene Menschheit.

Im alten Jerusalem residierte Gott im Tempel. Der Tempel war wie ein Zeichen der Gegenwart Gottes. Im neuen Jerusalem wohnt Gott unmittelbar: es gibt keinen Tempel mehr.

Das Strahlen der »Herrlichkeit Gottes« über dem neuen Jerusalem ist die wahrhaft beherrschende Idee dieses ganzen Abschnitts. Das wird deutlich durch die Verse 11 und 13, in welche Johannes die Beschreibung der heiligen Stadt einschließt: Das neue Jerusalem wird beschrieben als »erfüllt mit der Herrlichkeit Gottes« (Vers 11); und in anderer Formulierung darauf zurückkommend: »Die Herrlichkeit Gottes erleuchtet sie« (Vers 23).

Jerusalem kommt, strahlend von der göttlichen Heiligkeit, in welche nun die Menschheit hineingenommen ist. Den Glanz dieser »Glorie« vergleicht Johannes mit einem kostbaren Stein. Er erscheint ihm als ein Kleinod, ein herrliches Juwel, und zwar als ein strahlender, von göttlicher Herrlichkeit durchdrungener Edelstein.

Sie glänzte wie ein kostbarer Edelstein, wie ein kristallklarer Jaspis (21,11b).

Warum der Jaspis, der noch im Vers 18: »Ihre Mauer ist aus Jaspis gebaut« wiederkehrt?

Als Antwort hören wir gelegentlich: Weil der Jaspis grün ist; er ist strahlend wie die Gottheit (vgl. Vers 4,3); die »Glorie Gottes« habe den grünen Widerschein von Natur. Es gibt indessen eine andere Erklärung. Im Exodus lesen wir die Beschreibung des Pektorale, des Schildes, das der Hohepriester auf der Brust trug (daher der Name »Pektorale«), wenn er seinen Tempeldienst versah, und auf diesem Brustschild befanden sich zwölf kostbare Steine in vier Reihen.[1]

»Die erste Reihe mit Sardonyx, Topas und Smaragd; die zweite Reihe mit Karfunkel, Saphir und Diamant; die dritte Reihe mit Achat, Hyazinth und Amethyst; die vierte Reihe mit Chrysolith, Karneol und Jaspis« (Ex 28,17 bis 20).

Auf der Brust des amtierenden Hohenpriesters repräsentierte ein jeder dieser Steine einen der zwölf Stämme Israels, deren Wortführer er im Gottesdienst war. Jeder Stein stellt einen Stamm dar, der Jaspis den Stamm Juda. In Exodus 39,10–13 wird die gleiche Beschreibung wiederholt. Es handelt sich um die Ausführung des Pektorale nach göttlicher Anweisung.

Der Jaspis auf dem Brustschild ist der Stein, der den Stamm Juda vertritt. Beim Öffnen des Buches wird Christus, das Lamm, dargestellt als »der Löwe aus dem Stamm Juda« (5,5). Juda war der messianische Stamm, denn aus ihm sollte der Messias hervorgehen und wurde er geboren.

---

[1] Welche Edelsteine mit den hebräischen Namen gemeint sind, ist nicht mehr sicher auszumachen. Wir dürfen daher die vom Verfasser vorgeschlagenen Namen und deren Reihenfolge unbesorgt übernehmen.

150

Allerdings wählt Johannes bei der Aufzählung der 144 000 mit dem Siegel Bezeichneten (7,5) eine andere Reihenfolge als beim Pektorale im Exodus. In der Vision der 144 000 nennt er den Stamm Juda an erster Stelle, weil aus ihm Christus, der Messias), hervorgegangen ist. Folgerichtig wählt Johannes, um das Aussehen des neuen Jerusalem zu beschreiben, den grünen Jaspis-Stein, der den Stamm Juda repräsentiert und also den Messias meint. Das himmlische Jerusalem strahlt von Gottes Glorie, sein Anblick ist wie ein kostbarer Edelstein, »wie ein kristallklarer Jaspis«. Die Herrlichkeit Gottes, die sich in Christus kundtut, erleuchtet das ganze Jerusalem.

Ein solches Verschmelzen der Herrlichkeit Gottes und der Herrlichkeit Christi ist ganz und gar johanneisch und für das vierte Evangelium kennzeichnend: »Vater, die Stunde ist da. Verherrliche deinen Sohn, damit der Sohn dich verherrlicht« (Joh 17,1). Die Herrlichkeit des Vaters und die des Sohnes sind eins. Die Gesamtvision des Neuen Jerusalem ist ein mit der Person Christi verbundenes Glänzen der göttlichen Heiligkeit. Christus ist das eigentliche Zentrum dieses göttlichen Strahlens im Herzen der verherrlichten Stadt.

Die Architektur des neuen Jerusalem wird zunächst als Ganzes gesehen; der erste Eindruck des Johannes ist ein Geblendetsein. Dann gewöhnt sich sein Auge an die Vision, und er gibt uns eine Skizze der Architektur. Sie ist großartig. Johannes »sieht zuerst« die Stadt von außen und beschreibt die Stadtmauer, »eine große und hohe Mauer«. Warum betont er das dicke, hochaufragende Gemäuer?

Im allgemeinen bedeuten Mauern ein Beschützen. Das Volk Gottes ist nunmehr in Sicherheit, für immer hineingenommen in den göttlichen Bereich, durch starke und hohe Mauern gesichert gegen alle Angriffe des Bösen.

Nach den Mauern sieht Johannes die Tore. Es sind zwölf an der Zahl. Über jedem von ihnen ein Engel und ein Name. Welches sind die Namen? Jene »der zwölf Stämme der Söhne Israels«. Es ist ja die Stadt, in welcher das einmal mehr beschworene Volk Gottes jetzt bleiben, für immer wohnen soll (vgl. 7,4–8; 14,3 ff; 15). Daß Johannes darauf besteht, das Gottesvolk im neuen Bund mit dem Gottesvolk im alten Bund zu verknüpfen, ist kennzeichnend für die Apokalypse.

Die Tore sind auf das gesamte Mauerwerk nicht willkürlich verteilt. Johannes gibt eine Beschreibung der Aufteilung der zwölf Tore:

> Im Osten hat die Stadt drei Tore und im Norden drei Tore und im Süden drei Tore und im Westen drei Tore (21,13).

Die Tore öffnen sich, jeweils drei, in jede der vier Himmelsrichtungen. Diese Einzelheit hat eine universalistische und kosmische Bedeutung. Die »Stadt Gottes« soll die Menschheit aus allen Himmelsrichtungen versammeln: Tore sind zu jeder Seite hin offen, den zu empfangen, der kommt, nicht allein vom Norden oder Süden, sondern von allen Seiten zu allen Zeiten.

Einige Autoren zitieren hierzu den Lukas-Text:

> »Und man wird von Osten und Westen und von Norden und Süden kommen und im Reich Gottes zu Tisch sitzen« (Lk 12,29).

Die Aufmerksamkeit des Johannes richtet sich jetzt auf die Fundamente des Mauerwerkes (21,14). Er hatte die Runde gemacht, die Maueranlage und die Tore darin gesehen, jetzt bemerkt er, daß die Mauer ein Fundament hat, »zwölf Grundsteine«. Und auf diesen zwölf Grundsteinen stehen »die zwölf Namen der zwölf Apostel des Lammes«. Die Stadt ist das Volk Gottes, die Erwähnung der zwölf Stämme beweist es, aber das Volk Gottes ist nunmehr das Volk des neuen Bundes. Die Stadt Gottes ruht, die Intention des Johannes ist klar, auf dem Fundament der Apostel, auf apostolischem Grund. Diese Beschreibung ist ein großartiger Text für die apostolische Kollegialität. Die zwölf Apostel tragen die Stadt. Die Einheit und die Kontinuität des Planes Gottes sind hier wie in Stein gemeißelt: Die zwölf Stämme und die zwölf Apostel. Das Volk Gottes ist jetzt das auf den apostolischen Glauben gegründete Volk.

Nach seinem Rundblick über die Mauer, die Tore und die Fundamente der Stadt beschreibt Johannes ihre Ausmaße noch genauer:

> Und der Engel, der zu mir sprach, hatte einen goldenen Meßstab, mit dem die Stadt, ihre Tore und ihre Mauer gemessen wurden (21,15).

Wir können in dieser Vision der Ausmessung der Stadt eine sehr ähnliche Vision des Ezechiel erkennen (Ez 40,3 und 47,3), seine Sorge um Vollkommenheit. Diese wohlbemessene Stadt ist keine anarchistische Stadt, sondern eine harmonische: Und Johannes sagt's genau:

> Die Stadt war viereckig angelegt
> und ebenso lang wie breit.
> Er maß die Stadt mit dem Meßstab;
> ihre Länge, Breite und Höhe sind gleich:
> zwölftausend Stadien (21,16).

Das ist die Form eines Quadrats, vollkommene Form. Johannes will seinen Eindruck von Unendlichkeit vermitteln. Tatsächlich entsprechen die zwölftausend Stadien – (genaue Angaben sind immer heikel) 2400 km.

Die Verse, die die Maße des Gemäuers betreffen, machen die Exegeten recht verlegen. Wird doch gesagt, daß die Länge, Breite und Höhe der Stadt je zwölftausend Stadien beträgt. Sie fragen sich also: welche Form könnte sie haben?

Einige sehen hier die pyramidische Form und denken, daß sich Johannes von Beschreibungen des alten und heidnischen Babylon inspirieren läßt, das im Altertum als eine Grundform der Stadt angesehen wurde. Johannes hätte also auf das neue Jerusalem Dimensionen des alten Babylon übertragen. Einige Autoren sehen hier einen anderen Sinn: das alte Babylon ist zerstört worden, aber Gott wird unter der Form der »wahren« Stadt das neue Jerusalem errichten. Die wirklich wahre Stadt, das neue Jerusalem, hätte also die Form des alten Babylon.

Wieder andere Autoren schlagen vor, und ihre Deutung ist biblischer, hier eine Anspielung auf das Allerheiligste zu sehen. Das neue Jerusalem werde verglichen mit dem Allerheiligsten des alten Tempels, welches eine quadratische oder kubische Form besaß:

> »Im Innern des Hauses richtete er die Gotteswohnung ein, um die Bundeslade des Herrn aufstellen zu können. Die Wohnung war zwanzig Ellen lang, zwanzig Ellen breit und zwanzig Ellen hoch; er überzog sie mit bestem Gold. Auch ließ er einen Altar aus Zedernholz herstellen. Das Innere des Hauses ließ Salomo mit bestem Gold auskleiden ... So überzog er das ganze Haus vollständig mit Gold ...« (1 Kön 6,19–22).

Nichts spricht dagegen, daß Johannes an das neue Jerusalem dachte als Verwirklichung dessen, was im Alten Testament, in der Beschreibung des Allerheiligsten nur Vorbild gewesen war. Es wäre die Umsetzung alttestamentlicher, vorbildhafter Realität in den sprachlichen Ausdruck seiner Vision.

> Und er maß ihre Mauer; sie ist hundertvierundvierzig Ellen hoch nach Menschenmaß, das der Engel benutzt hatte (21,17).

Was ist der exakte Sinn dieser Bemerkung? Die TOB sagt, dies sei »unerklärliche Genauigkeit«, die vielleicht nur schlicht daran erinnern wolle, daß die Menschen und die Engel gleichermaßen »Diener Gottes« sind. Zumindest habe uns der Verfasser nahelegen wollen, daß das Maß einen geistlichen Sinn hat: im gegenwärtigen Fall die Vollkommenheit der heiligen Stadt.

Der Ausdruck »Menschenmaß« bedeutet buchstäblich »Maß des Menschen, welches auch das der Engel ist«, oder einfach: »Menschenmaß, das heißt Engelmaß«. Nochmals, dieser Vers macht uns recht verlegen. Das Mißverhältnis zwischen der gigantischen Höhe der Stadt und den 70 Metern (144 Ellen) der Mauer verschwindet jedoch, sobald wir den Zahlensymbolismus betrachten: 144, also zwölf mal zwölf, könnte eine beträchtliche Dimension meinen.

Nachdem Johannes von den Ausmaßen der Stadt gesprochen hat, spricht er nun von ihrem Material. Sie ist ganz und gar aus Edelsteinen erbaut.

Ihre Mauer ist aus Jaspis erbaut, und die Stadt ist aus reinem Gold, wie aus reinem Glas. Die Grundsteine der Stadtmauer sind mit edlen Steinen aller Art geschmückt; der erste Grundstein ist ein Jaspis (21,18–19).

Zum dritten Mal kehrt der Jaspis wieder und immer an erster Stelle, die Grundsteine sind Edelsteine, die zwölf Tore sind Perlen! Johannes will die Vollkommenheit, die strahlende Schönheit der Stadt beschwören, durch ein Spiel von Perlen und Edelsteinen! Johannes tritt augenblicklich, nachdem er ihr Äußeres beschrieben hat, in die Stadt ein.

Die Straße der Stadt ist aus reinem Gold, wie aus klarem Glas (21,21b).

Der Gedanke an königlichen Reichtum entsteht unwillkürlich bei Erwähnung des Goldes, aus dem die Straße der Stadt hergestellt ist. Die Exegeten haben Gefallen daran gefunden, den Glanz der Stadt, die Harmonie ihrer Farben zu preisen.

Wenn einer die Farbe der unterschiedlichen Edelsteine zu sehen suchte, würde er gewahrwerden, daß es da in der Tat ein leuchtendes Zusammenspiel gibt. Ein Spiel wechselnder Farben gibt den Eindruck von Freude, Erfrischung und Erholung wieder. Das Violett und Blau von Amethyst, Hyazinth und Saphir, das Rot, das Grün und Gelb von Gold bilden eine Art Regenbogen. Strahlendes Licht und Vielfalt der Farbtöne erfreuen Auge und Herz.

Zweimal sagt uns Johannes, daß die Stadt aus Gold ist (21,18–21). Aber dieses reine Gold ist »wie klares Glas«. Diese Bemerkung ist uns beim ersten Lesen nicht verständlich: Gold hat niemals Ähnlichkeit mit Glas, aber in seiner symbolischen Sprechweise will Johannes den Reichtum, die Kostbarkeit des Goldes und seine Klarheit ausdrücken. Er will die Idee von Reinheit, von leuchtender Transparenz vermitteln.

Gleich nach Betreten der Stadt begibt sich Johannes an den

offenen Platz und sucht dort den Tempel, wo die »Glorie« residiert, die Quelle all dieses Glanzes. Aber –

Einen Tempel sah ich nicht in der Stadt. Denn der Herr, ihr Gott, der Herrscher über die ganze Schöpfung, ist ihr Tempel, er und das Lamm (21,22).

Die ganze Stadt ist ein Tempel! Da wohnt Gott. Oder vielmehr Gott selbst ist der Tempel, in dem sich jetzt überhaupt die ganze Menschheit versammelt findet. Mit Gott aber ist da das Lamm. Gott und das Lamm sind verbunden, vereint zu einem einzigen Brennpunkt von Licht. Sie sind jetzt eins im Bild des Tempels. Gott schenkt seine Gegenwart, aber durch das Lamm, mit dem Lamm! Gott ist der Tempel, er setzt sich durch das Lamm, das heißt in Christus, durch Christus gegenwärtig.

Das ist ein Symbolismus, der an das vierte Evangelium erinnert (Joh 2,13 ff).

Als Jesus erklärt, mit welchem Recht er die Händler aus dem Tempel jage, gibt Johannes verhalten den Kommentar: »Er sprach von seinem Leib«, vom Heiligtum seines Leibes. An der Schwelle des vierten Evangeliums wird ein sehr kostbarer Hinweis gegeben: der auferstandene Leib Christi wird künftig den Platz des Tempels von Jerusalem einnehmen. Durch ihn setzt sich Gott gegenwärtig; in ihm haben die Menschen Verbindung mit Gott; in ihm werden alle versammelt sein. Der auferstandene Christus, der Lebendige, wird die Verbindungsstelle der Menschheit mit Gott sein und zugleich der Versammlungsort (»Sammelpunkt«) der gesamten Menschheit. Er ist der Tempel.

Die Stadt braucht weder Sonne noch Mond, die ihr leuchten. Denn die Herrlichkeit Gottes erleuchtet sie, und ihre Leuchte ist das Lamm (21,23).

Johannes kommt durch Einbeziehung auf die Idee zurück, daß Gott jetzt seine Gegenwart mitteilt und die ganze Stadt erleuchtet (21,11 und 21,23). Die alte Schöpfung ist also überholt: die Sonne ist verschwunden, der Mond gleichfalls; »die Herrlichkeit Gottes erleuchtet sie, und ihre Leuchte ist das Lamm«. Durch Christus strahlt Gott über der Welt. Er strahlt seine Herrlichkeit aus, durch Christus schenkt er seine glorreiche Heiligkeit.

Danach vermerkt Johannes, daß diese Stadt, das neue Jerusalem, der Punkt ist, an dem das gesamte Universum zusammenströmt: alle Völker.

Die Völker werden in diesem Licht einhergehen, und die Könige der Erde werden ihre Pracht in die Stadt bringen (21,24).

Hier findet sich der universalistische Zug wieder, der sowohl das Evangelium als auch die Apokalypse des Johannes kennzeichnet. Die Völker, nicht mehr nur die Juden, sind auf dem Weg zum neuen Jerusalem; in Richtung auf dieses Licht zu, und die Könige der Erde werden kommen, um Gott die Ehre zu erweisen und all ihre Reichtümer zu ihm zu bringen.

Jerusalem war schon für die Juden ein Wallfahrtsort, ein Sammelpunkt. Dreimal jährlich gingen sie zum großen Fest nach Jerusalem hinauf: zu Ostern, zu Pfingsten, zum Laubhüttenfest. Jerusalem wird zur großen Versammlungsstätte der Menschheit insgesamt, aller Völker. So wird die Weissagung des Propheten Jesaja verwirklicht:

»Auf, werde licht, denn es kommt dein Licht . . .

Völker wandern zu deinem Licht und Könige zu deinem strahlenden Glanz« (Jes 60,1–3).

»Fremde bauen deine Mauern, ihre Könige stehen in deinem Dienst . . .

Deine Tore bleiben immer geöffnet, sie werden bei Tag und Nacht nicht geschlossen . . .« (Jes 60,10–11).

Wie ein Echo wiederholt die Apokalypse:

Ihre Tore werden den ganzen Tag nicht geschlossen –

Nacht wird es dort nicht mehr geben.

Und man wird die Pracht und die Kostbarkeiten der Völker in die Stadt bringen (21,25–26).

Das Ende der Geschichte wird von Johannes wie schon von den alten Propheten begriffen als eine überdimensionale liturgische Feier, eine große Festversammlung der Menschheit. Es ist das, was Sacharja am Ende seines Buches sagt, wenn er den Jüngsten Tag, das Ende der Geschichte in der Form eines gewaltigen Festes zu Ehren Jahwes beschreibt.

»Doch wer dann übrigbleibt von allen Völkern, die gegen Jerusalem gezogen sind, wird Jahr für Jahr hinaufziehen, um den König, den Herrn der Heere, anzubeten und das Laubhüttenfest zu feiern« (Sach 14,16).

Johannes beendigt seine Beschreibung mit der Bemerkung: Und man wird die Pracht und die Kostbarkeit der Völker in die Stadt bringen (21,26).

In einer Huldigung an Gott, den Schöpfer und Retter, sieht Johannes das letzte Wort der Geschichte. Die Völker, die sich selbst gesucht hatten, sind nicht mehr darauf bedacht, Ruhm und Reichtum für sich selbst zu erwerben. Sie kommen, um den wahren Ruhm ihres Volkes Gott zu offerieren. Letztlich bildet die Huldigung an Gott, den Schöpfer und Retter, das Finale der Geschichte.

Die dritte Vision

In dieser Stadt, die ein Heiligtum ist, weilt Gott und versammelt die Völker; hier wird eine Liturgie, ein neuer Gottesdienst gefeiert.

Und er zeigte mir einen Strom, das Wasser des Lebens, klar wie Kristall; er geht vom Thron Gottes und des Lammes aus. Zwischen der Straße der Stadt und dem Strom, hüben und drüben stehen Bäume des Lebens. Zwölfmal tragen sie Früchte, jeden Monat einmal; und die Blätter der Bäume dienen zur Heilung der Völker. Es wird nichts mehr geben, was der Fluch Gottes trifft (22,1–3a).

Johannes wird offensichtlich von Ezechiel inspiriert; der Prophet beschreibt den endzeitlichen Tempel und zeigt einen auf der rechten Seite des Heiligtums entspringenden Fluß, einen Strom lebendigen, lebenspendenden Wassers.

»An beiden Ufern des Flusses wachsen alle Arten von Obstbäumen. Ihr Laub wird nicht welken, und sie werden nie ohne Frucht sein. Jeden Monat tragen sie frische Früchte; denn das Wasser des Flusses kommt aus dem Heiligtum. Die Früchte werden als Speise und die Blätter als Heilmittel dienen« (Ez 47,12).

Das Wasser dieses Stroms bringt Fruchtbarkeit allem Land, das er durchfließt. Wenn Johannes diese Vision des Ezechiel aufnimmt, will er auch die Schilderung des Paradiesgartens der Genesis wachrufen. Es handelt sich um eine neue Schöpfung. In der Mitte jenes Gartens entsprang eine Quelle, von welcher vier große Flüsse ausgingen, das ganze Land zu bewässern. Es steht auch ein Baum in diesem Garten: »ein Baum des Lebens, der zwölfmal Früchte trägt«. Johannes bringt hier noch eine Erinnerung an Ezechiel, will aber seinerseits der Überlieferung vom Garten Eden treu bleiben: Es handelt sich ganz einfach um das irdische Paradies mit seiner Quelle lebendigen Wassers und seinem Baum des Lebens. Hier bedeutet die Quelle lebendigen Wassers für die Menschen den Ursprung des neuen Lebens. Dieses neue Leben ist ein ganz gottgeweihtes Leben. Beschrieben wird es in Form einer lebendigen Liturgie:

Der Thron Gottes und des Lammes wird in der Stadt stehen, und seine Knechte werden ihm dienen (22,3b).

Der besondere Charakter dieses Kults ist die Anschauung Gottes und die Anbetung:

Sie werden sein Angesicht schauen (22,4).

Sein Angesicht schauen: Gegenüber-Sein, das ist eine andere Ausdrucksweise für das, was Paulus sagt (1 Kor 13,12): »Jetzt schauen wir in einen Spiegel und sehen nur rätselhafte Umrisse, dann aber schauen wir von Angesicht zu Angesicht«; oder auch, was Johannes schreibt: »Wir werden ihn sehen, wie er ist« (1 Joh 3,2). Wir werden Christus sehen, wie er ist, und wir werden ihm ähnlich sein. Diese Anbetung des von Angesicht zu Angesicht geschauten Gottes erfüllt und überholt das Alte Testament. Mose hatte Gott gebeten: »Laß mich doch deine Herrlichkeit sehen!« Und Gott hatte ihm geantwortet: »Du kannst mein Angesicht nicht sehen;

denn kein Mensch kann mich sehen und am Leben bleiben«
(Ex 33,18 und 20).

Jetzt werden die Menschen das Angesicht Gottes schauen
und leben. Sie werden sein auserwähltes Volk sein: »Sein Name ist auf ihre Stirn geschrieben« (22,4).

> Der Herr, ihr Gott, wird über ihnen leuchten, und sie
> werden herrschen in alle Ewigkeit (22,5).

Die Menschen werden Söhne und Könige sein. Der auf ihre
Stirn geschriebene Name besagt, daß sie das auserwählte
Volk sind, daß dies alles aus Gnade geschieht, durch Gna-
denwahl, das heißt durch göttliche Auserwählung.

Wir sehen hier in konkreter Weise sich ereignen, was Paulus am Anfang des Epheserbriefes sagt. Das Lied der neuen
Stadt könnte von Paulus stammen:

> »Gepriesen sei der Gott und Vater unseres Herrn Jesus
> Christus: Er hat uns mit allem Segen seines Geistes ge-
> segnet durch unsere Gemeinschaft mit Christus im Him-
> mel. Denn in ihm hat er uns erwählt vor der Erschaffung
> der Welt, damit wir heilig und untadelig leben vor Gott;
> er hat uns aus Liebe im voraus dazu bestimmt, seine
> Söhne zu werden durch Jesus Christus« (Eph 1,3–5).

Nichts anderes sagt Johannes in weniger abstrakten Worten:

> Es wird keine Nacht mehr geben, und sie brauchen weder
> das Licht einer Lampe noch das Licht der Sonne (22,5a).

Solches wird also der ewige Gottesdienst sein im endgültigen Jerusalem. Johannes sagt genauer:

> Es wird nichts mehr geben, was der Fluch Gottes trifft
> (22,3).

Johannes übersetzt hier Sacharja 14,11.

Geendet hat der Fluch von einstmals, ausdrücklich ausgesprochen über die Schlange, nicht über den Menschen; die
Schlange und die Erde waren verflucht worden, nicht aber
die Menschheit (vgl. Gen 3,14 und 17).

Zum Schluß dieser Vision erscheint deutlicher, was das Wesentliche der heiligen Stadt ist: Sie ist eine neue Wirklichkeit,
eine neue und geistliche Schöpfung: sie ist das Werk des Gei-

stes Gottes. In ihr verwirklicht sich das, was die Propheten, besonders die Propheten des Exils, verkündigt hatten.

Und dennoch überschreitet die neue Wirklichkeit alles, was die Menschen erwarten konnten. Eine äußerst erstaunliche Sache in dieser Beschreibung ist der Platz Christi. Christus ist die Mitte von allem, Mittelpunkt der neuen Schöpfung, Zentrum des neuen Jerusalem. Geschaut als Zeuge, als das Lamm, als der kommende Menschensohn, als Führer des Volkes Gottes, erscheint Christus hier als Bräutigam. Am Ende der Geschichte erscheint Christus als der Bräutigam der Menschheit, als der Bräutigam der Kirche. Und durch Christus nimmt Gott selbst die Menschheit zur Gemahlin. Es wird Hochzeit gefeiert. Wir müssen hier wie an vielen anderen Stellen die Zurückhaltung der Apokalypse in der Beschreibung Christi feststellen.

Die Gegenwart Christi wird uns behutsam beigebracht, auf feine Art zu verstehen gegeben; nie in Einzelheiten gehend. Die Person Christi bleibt gewissermaßen verborgen wie eine Quelle. Er bekundet sich in seinem Tun, in dem, was das Lamm seiner Braut zum Geschenk macht und sie damit überhäuft. Geschenke des neuen Bundes, der mit seinem Blut besiegelt wird und sich jetzt in der Pracht der Hochzeitsfeier vollendet.

Christus ist wahrhaftig die Quelle, die Lichtquelle für die erneuerte Menschheit: er ist ihre Leuchte. Er ist der Ursprung der göttlichen Gegenwart in der erlösten Menschengemeinschaft. In ihm teilt uns Gott sein Innerstes mit. Er ist der Ursprung des Lebens. Er ist die Quelle und der Ursprung des göttlichen Lichts, der göttlichen Gegenwart und des göttlichen Lebens.

Bemerkenswert ist die allmählich eingebrachte, überzeugend zu verstehen gegebene, der ganzen Apokalypse unterschwellig gegenwärtige Theologie des Menschseins Christi und seines Gottseins. Er ist der Gott-Mensch. Er ist zugleich derjenige, in dem Gott uns nahekommt und sich uns mitteilt, der Mittler aller Dinge, alles göttlichen Tuns, der göttlichen Gegenwart. Und gleichzeitig ist er Gott so nahe, daß er auf derselben Ebene ist, er steht ebenso hoch wie Gott.

Christus tut alles in Einheit mit dem Vater, und der Vater tut alles in Einheit mit ihm und durch ihn und in ihm. Sie sind untrennbar. Das ist wahrhaft das Herz der Theologie des vierten Evangeliums. Durch Christus ist das allergrößte Geschenk, das uns gegeben, uns mitgeteilt wurde, die Gotteskindschaft.

Abschließend ist dies das letzte Wort von allem: in ihm und durch ihn werden wir Kinder Gottes. Es ist das, was mehrfach im Lauf dieser Beschreibung wiederkehrt: »Sie werden meine Söhne sein.« Dieses Wort enthält alles.

Das Christusmysterium ist im eigentlichen Sinn göttliches Geheimnis: In Christus kommt Gott zu den Menschen, offenbart sich den Menschen, spricht zu ihnen, richtet sie. In ihm gibt sich Gott. In ihm vereinigt sich alles. Die Geschichte der Religion kommt an ihm nicht vorbei. »Er hat beschlossen, ... in Christus alles zu vereinen« (Eph 1,10).

Die Vergangenheit, die Gegenwart, die Zukunft der Welt sind im Geheimnis Jesu Christi enthalten. Das ist zentrale Aussage der Apokalypse. In diesem Sinn müssen wir das letzte Gebet der Apokalypse begreifen:

Die Kirche lebt in Erwartung der Wiederkunft dieses Christus: »Amen. Komm, Herr Jesus!« (22,20)

Mit Christus direkt vereint findet sich die Kirche, die sein Werk ist, sein Gedanke und schließlich seine Gemahlin für alle Ewigkeit. Hierzu sagt Louis Bouyer:

»Die Kirche ist die Braut, die in der Vereinigung der Hochzeit an allen Vorrechten und Reichtümern des Bräutigams teilhat, insofern das Volk Gottes zur Vollständigkeit der Zahl der Erwählten gelangt ist, insofern die Stadt Gottes vollkommen ist in der Vollendung ihrer Einheit. Gleichzeitig insofern die Menschheit zur Reinheit des ursprünglichen Planes Gottes heimgekehrt ist. So endet die christliche Apokalypse nicht mehr nur mit dem Erscheinen des Sohnes Gottes, sondern mit dem Erscheinen der Kirche, der durch sein Blut losgekauften Menschheit, gänzlich neu geschaffen nach seinem Bild.«

Es ist das, was die Liturgie der Apokalypse ausdrückt, sie ist ganz und gar eine Liturgie des Bundes, die Liturgie des neuen Bundes.

2. Kapitel   Auf dem Weg zur Glorie:
Das christliche Exodusbuch

Immer wieder auf seinem Weg durch die Apokalypse trifft der Leser auf typische Merkmale des Buches »Exodus«. Ist der so durchgängige Exodus-Gedanke selbst ein Schlüssel? Jedenfalls kann er hilfreich sein für ein ganzheitliches und recht fruchtbares geistliches Lesen dieses letzten Buches der Bibel.

Schon im Alten Testament nehmen einige Bücher das Schema des Exodus als Grundstruktur: Der Deutero-Jesaja, dem die Apokalypse viele Inspirationen verdankt; das Buch der Weisheit, das in seinem ganzen zweiten Teil die Ereignisse der Wüstenwanderung Israels nacheinander durchgeht. Auch die apokalyptische Literatur interessierte sich in besonderer Weise für den Exodus, weil bei ihr die Befreiung aus Ägypten, der Ursprung der Existenz Israels, eine ziemlich wichtige Rolle spielt. So bringt also Johannes, wenn er dieses Thema verwendet, nicht gänzlich Neues.

Im Qumrân ist der Gedanke des Exodus gleichermaßen wichtig. Die Gemeinde von Qumrân erhebt den Anspruch, die Gemeinde der Wüste zu sein; ihre Frömmigkeit kreist um die, übrigens von Jesaja entliehene, Idee eines neuen Exodus. Sie ist die Gemeinde des neuen Bundes. Sie wird kämpfen müssen wie die Israeliten vorm Einzug ins Gelobte Land.

Auch die Qumrân-Gemeinde sieht für die Erde ein endzeitliches Ringen vor und liefert uns gleich ein äußerst seltsames Militärhandbuch dazu. Wir finden da die ganze Schlachtordnung für das letzte Gefecht. Ein endzeitlicher Kampf wird da derart peinlich genau beschrieben, daß die Beschreibungen der Johannesoffenbarung nichts sind neben diesem sogenannten »Buch des Krieges«. Alles ist da: die Rolle der Priester, die Anzahl der Trompeten, die Offiziere, die für diesen eschatlogischen Krieg benötigten und einzuplanenden militärischen Schlachtreihen und Truppenformationen!

Johannes steht in dieser Tradition. Er hat zahlreiche Elemente vom Exodus hergenommen und von ihm auch in weitem Maß die Struktur. Die Themen des Namens Gottes, des Lammes und der Errettung kommen direkt vom Exodus. Das »neue Lied« erinnert an das des Mose; die Plagen an die Bestrafung Ägyptens. Die Frau, die in die Wüste flieht, um dort ernährt zu werden, ist Erinnerung an das Volk Gottes in der Wüste; der von der Erde verschlungene Strom läßt den Durchzug durchs Rote Meer aufleben. Die Endvision des Christus auf weißem Pferd hat erstaunliche Ähnlichkeit mit dem Bericht über die Ausrottung der Erstgeburt Ägyptens. Endlich findet die Erfüllung des Exodus statt: Gott ist in der Mitte seines Volkes gegenwärtig, im neuen Jerusalem.

Eine Sache ist durchaus verblüffend: In der Einleitung der Apokalypse (1,4) wird Gott ein Name gegeben, er heißt, »Er, der ist und der war und der kommt«.

Im griechischen Text ist die Formel eine Herausforderung an die Rechtschreibung: es liegt ein völliger Bruch der grammatikalischen Konstruktion vor.

Johannes will hier den Gottesnamen in der Form einfügen, wie er dem Mose im Exodus (3,4) offenbart worden war.

Wenn Johannes seinen Brief beginnt und sich an die Christengemeinden wendet, benutzt er nicht den von Paulus für gewöhnlich verwendeten Ausdruck: »Gnade und Friede sei mit euch von Gott, dem Vater unseres Herrn Jesus Christus«, sondern der Gott, den er anruft, ist der des Exodus: Gott, der alle Geschichte lenkt und leitet, beherrscht und regiert.

Die vom Sinai inspirierte Gotteserscheinung wird eingeführt durch die Aufforderung an Johannes: »Komm herauf«. Diese

Aufforderung war bei den Propheten nicht üblich; sie geht auf die Gotteserscheinung am Sinai zurück. Diese Übereinstimmung wird außerdem bestärkt durch gewisse Einzelheiten des himmlischen Hofes und des göttlichen Throns:

- Die Erwähnung der Posaune (4,1).
- Die Blitze, Stimmen und Donner (4,5) erinnern eindeutig an ähnliche Szenen des Alten Testaments vor allem am Sinai (Ex 19,16 und 20,18).
- Das gläserne Meer gleich Kristall (4,6), das die ganze Herrlichkeit des Gottesthrons widerspiegelt, betrachteten schon Mose und die 70 Ältesten, die mit ihm zum Sinai hinaufgestiegen waren, um die Bundestafeln zu empfangen: »Die Fläche unter Seinen Füßen war wie mit Saphir ausgelegt und glänzte hell wie der Himmel selbst« (Ex 24,10).

Die Apokalypse ist ganz und gar beherrscht vom Gott des Exodus. Er ist's, der handelt; der kommt, um die Völker zu richten. Der Gott Israels, der Gott des Exodus, ist der Herr der Geschichte. Die Verbindung mit dem Exodus findet sich verstärkt in der Lobpreisung der Offenbarung (Offb 1,5 und 6) durch die Beschreibung, die da vom Werk des Christus gegeben wird. Jesus Christus wird gepriesen als derjenige, *der uns liebt, der uns von unseren Sünden erlöst hat durch sein Blut und der uns zu Königen und Priestern gemacht hat vor Gott, seinem Vater.* Diese Formel kommt vom Exodus: »Ihr aber sollt mir als ein Reich von Priestern und als ein heiliges Volk gehören« (Ex 19,6). Jesus Christus wird dargestellt als der, der das Werk des Exodus noch wunderbarer erneuert hat. Wie Gott damals sein Volk befreite, hat Christus uns befreit, um uns zu einem königlichen und priesterlichen Volk zu machen.

In der ersten Gotteserscheinung (4), unmittelbar vor der Vision der Endzeit, ist sein Name: »er war, und er ist, und er kommt«. Die Formel erscheint hier wieder in Verbindung mit dem »Trishagion« (Dreimalheilig) des Jesaja (Jes 6). Die Wiederholung zeigt, daß es sich um einen Gottesnamen handelt, der für Johannes verbindlich ist. Der Gott, der das Geheimnis der Geschichte bewahrt und alles in seiner Hand hält, ist zugleich der heilige Gott (der dreimal Heilige des Jesaja), »der Herr, Gott, der Allmächtige« (so immer bei Jesaja) und »der war, der ist und der kommt«.

Wenn der Schall der siebten Trompete das End-Drama eröffnet, kehrt die gleiche Formel noch wieder, aber verkürzt: *Wir danken dir, Herr Gott und Herrscher über die ganze Schöpfung, der du bist und der du warst* (11,17). Es gibt kein »der du kommst«. Die Formel ist hier verkürzt, weil das Ende ja gekommen ist: Gott ist da. Das ist der Grund für die Abkürzung.

Die gleiche verkürzte Formel kehrt wieder inmitten der Schalen des Zorns; Johannes sagt:

Ich hörte den Engel, der Macht über das Wasser hat, sagen: Gerecht bist du, der du bist und der du warst, du Heiliger . . . (16,5).

Mit Offb 5,6 erscheint das Lamm. Sein Ursprung ist die Gestalt des leidenden Knechts bei Jesaja (53) und, nicht auszuschließen, das Osterlamm. Das Lamm ist die zentrale Gestalt der Apokalypse, und zwar das Lamm = der Knecht; das Lamm des neuen Exodus. Dies zu sagen, gibt es viele Gründe. Man kann von dem Wort her argumentieren, welches verwendet wird, um auf sein Opfer hinzuweisen: es ist das Lamm, das »geschlachtet« wurde. Dieses Verbum (griechisch sphazo, sphazein) ist das im Exodus (12,6) gängige Wort für das Schlachten des Osterlamms. Zudem wird das Schlachten des Lammes und sein vergossenes Blut (5,9–10) in direkte Beziehung gesetzt zur Erlösung des königlichen und priesterlichen heiligen Volkes. Das Lied der vier Lebewesen und der vierundzwanzig Ältesten vor dem Lamm hat österlichen Charakter im Sinn des Exodus.

Würdig bist du, das Buch zu nehmen und seine Siegel zu öffnen; denn du wurdest geschlachtet und hast mit deinem Blut Menschen für Gott erworben aus allen Stämmen und Sprachen, aus allen Nationen und Völkern, und du hast sie für unseren Gott zu Königen und Priestern gemacht (5,9–10).

Hier haben wir klar das Thema des Christus-Lammes, das ein Volk befreit, um es zu einem priesterlichen und königlichen, heiligen Volk zu machen. Das ist ein charakteristischer Zug des Exodus.

Das Lied der Lebewesen und der Ältesten zu Ehren des geschlachteten Lammes, des Lammes eines neuen Ostern und eines neuen Exodus (5,9–10), wird ein »neues Lied« genannt. Genauso wie das der 144 000 (14,3 ff): »sie sangen ein neues Lied«. Johannes will unterstreichen, daß es ein Lied ohne Präzedenz ist, noch nie gehört, das ein außerordentliches Ereignis besingt.

Der Ausdruck »neues Lied« findet sich sechsmal im Buch der Psalmen und bezeichnet den Danksagungs-Gesang für Gottes neue Wohltaten. Es meint immer einen Gesang, der besonders feierliche Geschehnisse preist. Im Buch Judit (16,13) wird der Ausdruck für Judits Siegeslied nach dem Tod des Holophernes verwendet.

Im Deutero-Jesaja, der die Apokalypse sehr stark inspiriert, finden wir den Ausdruck wieder:

»Singt dem Herrn ein neues Lied, verkündet seinen Ruhm bis ans Ende der Erde! Es jauchze das Meer und alles, was es erfüllt, die Inseln und ihre Bewohner. Die Wüste und ihre Städte sollen sich freuen . . . Sie sollen die Herrlichkeit des Herrn verkünden, seinen Ruhm auf den Inseln verbreiten« (Jes 42,10 ff).

Das »neue Lied« feiert die neuen Dinge, die in Jes 42,9, also unmittelbar vor dem neuen Lied angekündigt wurden.

»Seht, das Frühere ist eingetroffen, Neues kündige ich an. Noch ehe es zum Vorschein kommt, mache ich es euch bekannt. Singt dem Herrn ein neues Lied« (Jes 42,9 f).

Das neue Lied des Jesaja (42) feiert das Neue, die Ereignisse des Endes, die das Jesaja-Buch vorhersagt. Kennern des Judaismus folgend, bezeichnet der Ausdruck bei den Rabbinern den Lobgesang, den Israel in den Tagen des Messias singen wird, um die Wunder der Erlösung, der endlichen Befreiung zu feiern. Das neue Lied ist also ein Gesang von endgültiger Befreiung, von Erneuerung, dessen Vorbild das Lied des Mose nach dem Durchzug durchs Rote Meer ist (Ex 15). In diesem Sinn ist das »neue Lied« der 144 000 (14,3) zu verstehen.

Dann sah ich ein anderes Zeichen am Himmel, groß und wunderbar ...

Dann sah ich etwas, das einem gläsernen Meer glich und mit Feuer durchsetzt war. Und die Sieger über das Tier, über sein Standbild und über die Zahl seines Namens standen auf dem gläsernen Meer und trugen die Harfen Gottes. Sie sangen das Lied des Mose, des Knechtes Gottes, und das Lied zu Ehren des Lammes (15,1 ff).

Das »neue Lied« der Apokalypse, der Gesang zu Ehren des Lammes, ist das Lied des Mose, der Gesang des Exodus (15), neu gesungen zu Ehren des Christus.

Im Kapitel 6 löst das Lamm die sieben Siegel, und Gott bringt, nach der Entfesselung der Plagen, dem Vorspiel des Weltgerichts, seine Erwählten in Sicherheit, indem er sie mit seinem eignen Siegel bezeichnet. Diese Szene der göttlichen Besiegelung auf der Stirn der 144 000 steht gewiß in Beziehung zu der Szene bei Ezechiel 9,4, hat aber ganz bestimmt auch Beziehung zum Exodus (Ex 12,6–7 und 15,21 und 28): die Häuser der Hebräer werden mit einem Siegel bezeichnet, einem Zeichen, das sie bewahren wird, wenn die Plage kommt.

Was dieser Deutung den Vorzug gibt, ist die Tatsache, daß die mit dem Siegel bezeichneten (7) Diener Gottes sehr zahlreich sind und unter allen Völkern der Erde ein Volk bilden, das wahre Israel; wir finden exakt wieder die Idee des Exodus:

»Jetzt ... werdet ihr unter allen Völkern mein besonderes Eigentum sein. Mir gehört die ganze Erde« (Ex 19,5).

Die Zählung des heiligen Volkes, des neuen Israel, wird im Kapitel 7,1–8 beschrieben, und die darauffolgende Vision stellt die Herrlichkeit der weißgekleideten Erwählten des Volkes Gottes dar.

Deshalb stehen sie vor dem Thron Gottes und dienen ihm bei Tag und Nacht in seinem Tempel; und der, der auf dem Thron sitzt, wird sein Zelt über ihnen aufschlagen. Sie werden keinen Hunger und keinen Durst mehr leiden, und weder Sonnenglut noch irgendeine sengende Hitze wird auf ihnen lasten. Denn das Lamm wird sie weiden und zu den Quellen führen, aus denen das Wasser des Lebens strömt, und Gott wird alle Tränen von ihren Augen abwischen (7,15–17).

Das ist wieder eine Exodus-Szene. Christus wird das Volk der 144 000 zu den Quellen lebendigen Wassers geleiten, wie einst Mose bei der Felsenepisode sein Volk zum Wasser führte. Sie werden versammelt unter dem Zelt Gottes, dem Ziel dieses neuen Exodus. Hunger und Durst werden sie nicht mehr haben, wie ihn die Hebräer in der Wüste gehabt hatten.

Die Reihe der sieben Posaunen eröffnet das eigentliche endzeitliche Strafgericht (8) nach den sieben Siegeln, die seine Entfesselung ankündigten.

Um die für die endzeitliche Entscheidung kennzeichnenden Plagen zu beschreiben, übernimmt Johannes weitgehend das Bild der ägyptischen Plagen des Exodus. Die Hagel- und Feuerplage (8,7) erinnert fast Zug für Zug an die siebte ägyptische Plage: den Hagel (Ex 9,23–26). Das in Blut verwandelte Nilwasser (Ex 7,10–21) findet sich wieder in 8,8: »Ein Drittel des Meeres wurde zu Blut«. Die beim Schall der Posaune des vierten Engels entstehende Finsternis (8,12) erscheint als Parallele der neunten Plage des Mose über das Ägypterland (Ex 10,21 ff).

Glaubt man nicht, den rauchenden Sinai zu schauen, auf den Gott herabgestiegen ist (Ex 19,18), wenn der fünfte Engel seine Posaune ertönen läßt (9,2); oder ebensowohl auch die Heuschrecken der Apokalypse (Offb 9,3): sind sie nicht Cousinen jener Heuschrecken bei der achten Plage Ägyptens

(Ex 10,12–15)? Die Schlußfolgerung scheint sehr ähnlich zu sein: Trotz der Plagen keine Sinnesänderung (vgl. 9,21), und Pharaos Herz wird mit jeder neuen Plage härter.

Diese Beispiele zeigen eine analoge Struktur; mehr noch, Johannes wird bei den Schalen des Zornes (16,1–21) das Wort »Plagen« verwenden. Diese Art Strafe, von Gott verhängt, um nachdenklich zu machen, hat die ägyptischen Plagen zum Modell. Joel und das Buch der Weisheit haben die Plagen benutzt, indem sie sie in apokalyptischen Stil übertrugen. Johannes wird seinerseits die Beschreibung erweitern. »Die Heuschrecken, die man im Exodus und bei Joel hatte, werden bei Johannes zu wahrhaften Höllenmonstren« (L. Cerfaux).

Interessant ist zu sehen, vor allem im Abschnitt über die Schalen, wie Johannes eine Struktur, ein Schema, eine Form benutzt, die wir nur im Exodus vorfinden. Die Engel erhalten Befehl und Macht zu schlagen. Eine stets gleiche Formel beschreibt die Ausführung des Auftrags. Eine andere Formel, mit der jeweils die Beschreibung der Plage beginnt, lautet: »Und es geschah«, dann kommt die Beschreibung des von den Menschen erlittenen Übels und schließlich die menschliche Reaktion. Die Struktur ist in der Offenbarung (Offb 16) und im Exodus (Ex 7–12) buchstäblich die gleiche. Das Schema ist das der ägyptischen Plagen.

Die Sendung der zwei Zeugen wird unter den Zügen von Mose und Elija beschrieben. Mose ist jetzt noch besser: Er hat die Macht, das Wasser in Blut zu verwandeln, »sooft sie wollen« (11,6). Der Vers stammt direkt vom Exodus (Ex 7,17) – Mose ist hier das Vorbild der Kirche, Vorbild des Christen, insofern er Zeuge des Herrn ist.

Die Kapitel, die den zweiten Teil der Apokalypse eröffnen, werden eingeführt durch die Vision der Bundeslade (11, 9), sie sind streckenweise überreich an Merkmalen des Exodus. Die Vision der Frau und des Drachen beruft sich auf die Weissagung des »Proto-Evangeliums« im Paradies (Gen 3,15). Wenn Johannes die Angabe macht (12,9), daß der

Drache »die alte Schlange« ist, wird das Bild nicht weniger von der Eingangsrede des Exodus inspiriert (1,15–21).

Dem Pharao und seinem Befehl, alle neugeborenen Knaben des Gottesvolkes zu töten, entspricht der Drache, vor der schwangeren Frau auf der Lauer, ihr Kind gleich nach der Geburt zu verschlingen. Der Drache verkörpert handgreiflich die Gegnerschaft zum Volk Gottes.

In beiden Szenen finden wir die gleiche Struktur: eine feindselige Macht will das Werk Gottes im Keim ersticken: Tötung aller Knaben der Hebräer in Ägypten und Ermordung des Knaben gleich nach seiner Geburt.

Die Frau, die in die Wüste flieht an einen Ort, den Gott ihr bereitet hat, um sie dort tausendzweihundertsechzig Tage lang zu ernähren, erinnert an Exodus 19,4: »Ihr habt gesehen, was ich den Ägyptern angetan habe, wie ich euch auf Adlerflügeln getragen und hierher zu mir gebracht habe.« Das entsprechende Bild der Apokalypse hat ganz sicher hier seinen Ursprung.

Die Frau flieht in die Wüste wie das Volk Gottes, errettet aus der Gewalt des Pharao, aus der Knechtschaft Ägyptens und von Gott in die Wüste geführt, »um dort ernährt zu werden«.

Zweimal (12,6 und 12,14) unterstreicht Johannes, daß die Frau, Symbol des neuen Gottesvolkes Israel, von Gott auf Adlerflügeln getragen in die Wüste flieht, um dort ernährt zu werden.

Die Wichtigkeit des Manna in der den Exodus betreffenden Tradition wird von Johannes eindeutig übernommen und noch genauer ausgesagt durch dieses »um dort ernährt zu werden«.

Die Szene endlich, da wir den Drachen schauen, der aus seinem Rachen einen Strom von Wasser spie *hinter der Frau her, damit sie von den Fluten fortgerissen werde. Aber die Erde kam der Frau zu Hilfe; sie öffnete sich und verschlang den Strom, den der Drache aus seinem Rachen gespien hatte* (12,15–16), erinnert an die Formulierung im Lied des Mose

(Ex 15,12) in bezug auf die Ägypter und den Pharao, die bei der Verfolgung Israels geschlagen wurden.

»Wer ist wie du unter den Göttern, o Herr?

Wer ist wie du gewaltig und heilig, gepriesen als furchtbar, Wunder vollbringend? Du strecktest deine Rechte aus, da verschlang sie die Erde« (Ex 15,11–12).

Die Erde öffnete sich, um die böse Macht zu verschlingen, die, wie in der Apokalypse, das Volk Gottes verfolgt. Im Exodus verschlang sie die Ägypter und Pharao; in der Apokalypse verschlingt sie den vom Drachen gegen die Frau ausgespienen Strom.

Auch die Vision der 144 000 auf dem Berg Zion hat mehr als einen Berührungspunkt mit dem Exodus.

Sie folgten dem Lamm . . .

Sie allein unter allen Menschen sind freigekauft als Erstlingsgabe . . . (14,4).

Das Wort »freigekauft« ist typisch für den Exodus. Desgleichen erinnert der Ausdruck »Sie sind auf dem Berg Zion« an Ex 15,13. Da geht es um das Heiligtum, errichtet auf dem Berg Zion, dem Endziel des Exodus. Gott hat sein Volk den Ägyptern entrissen, er führte es durchs Meer und leitete es durch die Wüste zu diesem Berg hin, um dort das Heiligtum zu erreichen, das seine Hände bereitet haben.

Die Vision der »Sieger« über das Tier, die, auf dem Kristallmeer stehend, das Lied des Mose singen (15,2–4), ist ganz gewiß eine Beschwörung des Exodus. Ganz offensichtlich wird hier das gläserne Meer erwähnt, um an das vom Volk Gottes überwundene Meer zu erinnern. Und die Sieger (damit wir nicht irregehen, sagt es Johannes ganz genau), »sie standen auf dem gläsernen Meer . . . Sie sangen das Lied des Mose, des Knechtes Gottes«. Das ist eine Exodusszene. In der christlichen Vision wiederholt, wird das Lied des Mose zum Lied des Lammes, weil durch das geschlachtete Lamm die Rettung erlangt wurde; und das mit Feuer durchsetzte Kristallmeer erinnert an das Rote Meer des Exodus. *Danach* schreibt der Verfasser der Apokalypse, *sah ich,* und Johannes sieht den himmlischen Tempel, der sich öffnet (15,5 ff), »das Zelt des Zeugnisses im Himmel«, aus welchem »die sieben Engel mit den sieben Plagen« heraustreten.

Danach sah ich: Es öffnete sich der himmlische Tempel, das Zelt des Zeugnisses im Himmel. Und die sieben Engel mit den sieben Plagen traten heraus . . .
Und der Tempel füllte sich mit dem Rauch der Herrlichkeit und Macht Gottes. Niemand konnte den Tempel betreten, bis die sieben Plagen aus der Hand der sieben Engel zu ihrem Ende gekommen waren (15,5.6.8.).

Diese Schilderung erinnert lebhaft an die Szene des Exodus, da Mose das himmlische Urbild des Tempels betrachtet, um den Tempel Gottes auf Erden nach dem Modell dieses himmlischen Tempels zu errichten (Ex 40,34–35).

In der letzten christologischen Vision, dem Vorspiel zum Gericht, gibt Johannes eine ganz und gar einzigartige Beschreibung des Wortes Gottes: Er wird mit einem Reiter verglichen, der sich zum Gottesgericht aufschwingt.

Dann sah ich den Himmel offen, und siehe, da war ein weißes Pferd, und der, der auf ihm saß, heißt »Der Treue und Wahrhaftige«; gerecht richtet er und führt er Krieg. Seine Augen waren wie Feuerflammen, und auf dem Haupt trug er viele Diademe; und auf ihm stand ein Name, den er allein kennt. Bekleidet war er mit einem blutgetränkten Gewand, und sein Name heißt »Das Wort Gottes« (19,11–13).

Die Szene ist vom Buch der Weisheit inspiriert, dessen Verfasser mit sichtlichem Wohlgefallen die Vertilgung der Erstgeborenen Ägyptens beschreibt:

»Bisher waren sie durch die Künste ihrer Zauberer ungläubig geblieben; jetzt aber mußten sie beim Untergang der Erstgeborenen bekennen: Dieses Volk ist Gottes Sohn. Als tiefes Schweigen das All umfing, und die Nacht bis zur Mitte gelangt war, da sprang dein allmächtiges Wort vom Himmel, vom königlichen Thron herab als harter Krieger mitten in das dem Verderben geweihte Land. Es trug das scharfe Schwert deines unerbittlichen Befehls, trat hin und erfüllte alles mit Tod; es berührte den Himmel und stand auf der Erde« (Weish 18,13–16).

Johannes wird von dieser Seite aus dem Buch der Weisheit inspiriert: Christus, das Wort Gottes wird verglichen mit dem Wort Gottes, das zu jener gerichtlichen Handlung im Exodus aufbricht. Ein wenig später wohnen wir der Entfesselung des apokalyptischen Krieges bei.

Satans Armeen laufen Sturm.

Sie schwärmten aus über die weite Erde und umzingelten das Lager der Heiligen und Gottes geliebte Stadt (20,9).

Der merkwürdige Ausdruck »das Lager der Heiligen« ist eine Erinnerung an die Schar der Hebräer in der Wüste. Die griechische Bibel verwendet das Wort »Lager« (Ex 14,19 bis 20), um das Heer der Israeliten zu bezeichnen, das ein Bild der Kirche war.

Der Neue Bund endlich, geprägt und besiegelt durch die Gegenwart Gottes in der Mitte seines Volkes im neuen Jerusalem (21,3 und 33,3–5), ist die vollkommene und endgültige Erfüllung der Verheißung an die Hebräer vor und nach dem Auszug aus Ägypten: »Ich nehme euch als mein Volk an und werde euer Gott sein« (Ex 6,7; vgl. Lev 26,11 und Ez 37,27).

Im neuen Jerusalem wird die Verheißung des Exodus Wirklichkeit: Die endgültige Gegenwart Gottes in der Mitte des befreiten, erretteten Volkes. Dergleichen Merkmale wie das des priesterlichen Volkes, des Blutes und des neuen Bundes könnten viele andere noch besonders hervorgehoben werden; die bisherigen genügen, um die Bedeutung des Exodus für die Apokalypse aufzuzeigen.

Wir dürfen nicht glauben, daß Johannes vom Exodus, wie auch von vielen anderen Büchern des Alten Testamentes, nur Bilder, Begriffe, Gedanken entleiht. Der Exodus liefert ihm die wesentlichen Grundelemente und mehr noch: eine Struktur. Von Anfang an zeigt uns Johannes, daß die Geschichte vom Gott des Exodus gelenkt wird, der sich dem Mose offenbart hat. Die Kirche ist für Johannes die Erbin des auserwählten Volkes, Erbin seiner Erlösung und Heiligung. Sie ist das königliche und priesterliche Volk, freigekauft durch das Blut des Lammes, und zwar *aus allen Nationen und Stämmen, Völkern und Sprachen* (7,9). Der Exodus bekommt universale Dimension, er umarmt die ganze Welt. Die Kirche ist das universale königliche und priesterliche Volk, losgekauft durch das Blut des Lammes. Sie hat in der Wüste ihren Zufluchtsort, da wird sie ernährt, da ist sie geschützt vor den Angriffen des Drachen, da hält sie Gottes Gebote, das Gesetz des neuen Bundes, sie besitzt das Zeugnis Jesu, das ihre Glieder ihrerseits weitergeben müssen. Ihre Gläubigen, die in der Verfolgung treugebliebenen Christen, sind ständig unterwegs von der großen Trübsal, der großen Prüfung, zum himmlischen Jerusalem, im Blut des Lammes, in welchem sie ihre Kleider waschen und weiß machen. Selbst dieses letzte Merkmal noch stammt vom Exodus: vor dem Bundesschluß hatte Gott den Hebräern befehlen lassen, sie sollten sich heilig halten und ihre Kleider waschen (Ex 19,10). Jetzt ist ihr Gewand gewaschen und im Blut des Lammes weiß geworden.

Dann sieht Johannes die Glieder der Kirche am Ufer des Meeres ihren Sieg besingen. Er betrachtet sie schon hier auf Erden als das in der Nachfolge des Lammes wandernde Volk, da ja zu vermuten ist, daß die Beschreibung des Kapitels 14 auch die aktuelle Kirche im Blick hat: Er schaut sie, schon heute das Lied ihrer Erlösung singend, das Lied, das sie vom Himmel her empfängt, und das sie von oben her lernt.

Das Ganze schafft eine völlig neue Sicht der Kirche. Inmitten der Entfesselung der Plagen, mitten in den Katastrophen der Endzeit schreitet die Kirche voran, den Blick fest auf das himmlische Jerusalem gerichtet. Das neue Jerusalem ist die Leuchte auf ihrem Weg durch die Zeit, Licht für den weiteren Verlauf ihrer Geschichte, und Zeichen ihres eigenen Mysteriums. Die Kirche ist unterwegs zur Herrlichkeit der

ewigen Hochzeit mit dem Lamm, also zur endgültigen Vollendung des neuen Bundes, im Licht, in der Reinheit des neuen
Jerusalem. Dieses Ziel, auf das die Kirche zugeht, in ihrem
Exodus durch die Jahrhunderte, nach dem sie trachtet, zu dem
hin sie unterwegs ist, dieses Ziel ist schon Wirklichkeit. Es
ist in gewissem Sinn schon da.

In Kapitel 21,1 hat Johannes eine Formel, die die Völker des
Meeres zur Verzweiflung bringt: *Das Meer ist nicht mehr* im
neuen Jerusalem. Dieses Wort scheint mir bedeutungsvoll:
am Ende der Apokalypse scheint die Versicherung zu stehen
daß das Meer endgültig überwunden ist; daß, wie in den
Tagen des Exodus, und diesmal für immer, das Meer, Symbol
des Bösen, bezwungen ist, und daß in der neuen Schöpfung
das neue hell leuchtende Jerusalem wie ein Edelstein gefaßt
wird von der Herrlichkeit des Lammes. Wenn diese Deutung
exakt ist, hätten wir einen Schlüssel, um die Apokalypse als
ein wahrhaft religiöses Buch zu lesen und nicht mehr als ein
Buch purer Merkwürdigkeit. Die Apokalypse wäre der
christliche Exodus.

3. Kapitel

Zum großen Fest: Die Liturgie in der Apokalypse

Überreich ist die Offenbarung an liturgischen Elementen. Der Anfang des Buches bringt mit seiner Lobpreisung eine ausgesprochene liturgische Formel: *Johannes an die sieben Gemeinden in der Provinz Asien: Gnade sei mit euch und Friede,* mit dem Lob-Ruf zu Gott, *der ist und der war und der kommt,* – dann zum Heiligen Geist und zu Jesus Christus, der dreimal angesprochen wird als *der treue Zeuge, der Erstgeborene der Toten, der Herrscher über die Könige der Erde;* und noch dreimal gepriesen: *er liebt uns und hat uns von unseren Sünden erlöst durch sein Blut; er hat uns zu Königen gemacht und zu Priestern vor Gott, seinem Vater.* Einige Autoren vermuten, daß Johannes hier liturgische Texte unverändert wiedergibt. Das wäre nicht auszuschließen, jedoch schwerlich nachzuweisen.

Ein Anzeichen für den liturgischen Charakter der Offenbarung finden wir in der Tatsache, daß sich die erste große Vision des Johannes »am Tag des Herrn« ereignet, an dem Tag also, da die christliche Gemeinde gemeinsam die Liturgie feierte: am Sonntag. Die Vision geschieht in Gemeinschaft mit der Liturgiefeier der Gemeinden, an die er sich wendet.

Schon beim flüchtigen Durchlesen der Apokalypse können wir zahlreiche typisch liturgische Bestandteile entdecken.

– Große himmlische Liturgiefeiern werden geschildert, zahlreiche liturgische Formulierungen in gleichbleibender Form wiedergegeben:

»Amen«, das »Trishagion«, »Heilig, heilig, heilig ist der

Herr«, das »Alleluja«, das »Komm, Herr Jesus«. Der letztgenannte Ausdruck ist eindeutig ein Echo des Gebetsrufs im ersten Korintherbrief »Marána tha – Unser Herr, komm!« (1 Kor 16,22; vgl. Zwölfapostellehre 10,6).

– Liturgische Gesten werden genauer dargestellt: Prozessionen, Gebete, Anbetungsgebärden.

– Eine Fülle von liturgischen Gegenständen werden beschrieben:

Altäre, liturgische Bücher und Gewänder; oder zumindest auf Liturgie deutende: Lampen, Schalen, Weihrauchgefäße, Palmen, jede Menge liturgische Symbole und sogar kostbare Steine. Chöre sind zu hören: der Gesang machtvoller Chöre, von Instrumenten mit geistlicher Musik unterstützt, in Begleitung von Harfen und dem Schall von Posaunen. Die Chöre der Apokalypse sind gewaltig wie die Ozeane. Sonne, Blitz und Donner nehmen teil an der apokalyptischen Liturgie.

Dazu kommen die Anspielungen auf liturgische Festfeiern und sakramentale Andeutungen: die in der Wüste ernährte Kirche weist auf die Eucharistie hin. Der Ausdruck *sie haben ihre Gewänder gewaschen und im Blut des Lammes weiß gemacht* ist wahrscheinlich eine Anspielung auf die Taufe.

Wohl stimmen alle Exegeten darin überein, den liturgischen Sinn und Geschmack der Apokalypse festzustellen. Aber die Unterschiede sind groß, wenn es darum geht, deren Herkunft zu erklären, oder zu bestätigen, daß es eine Liturgie der Offenbarung gibt.

Für die einen hat Johannes seine großartige Liturgie dem gottesdienstlichen Leben seiner Ortskirche abgelesen. Die Apokalypse wäre also die Widerspiegelung der Liturgie der Kirche in Klein-Asien am Ende des ersten Jahrhunderts. Für die anderen hat Johannes alles dem Alten Testament entnommen; wahr ist, daß eine beträchtliche Anzahl Formulierungen aus Psalmen stammen. Eine extreme, nicht sehr vorsichtige These endlich würde aus der Offenbarung ein Werk machen, das ganz und gar nach dem Schema einer christlichen Osterliturgie-Feier konstruiert wurde. Das hieße, die Apokalypse künstlich in einen zu engen Rahmen zu zwingen.

Bescheidener die Struktur der Osterfeier in den Kapiteln 4 und 5 der Offenbarung zu sehen, scheint vernünftig. Schließlich sind eher die Substanz, die allgemeine Struktur und die typischen Formen der christlichen Liturgie in der Apokalypse wiederzufinden. In diesem Sinne ist die Offenbarung ein nützlicher Führer für eine Zeit, die sich in liturgischer Hinsicht auf der Suche befindet. Endlich sind Bestandteile festzuhalten, die bestimmten liturgischen Texten oder christlichem Liturgie-Brauchtum entsprechen, so zum Beispiel der Ausschlußruf: »Hinaus!«, der denjenigen zum Verlassen der Versammlung aufforderte, der noch nicht gereinigt war. Vor einer Analyse der eigentlichen Liturgie der Offenbarung wollen wir ihre typischen Kennzeichen genauer betrachten: Es handelt sich um eine theozentrische, christozentrische, gemeinschaftliche und eucharistische Liturgie.

Diese Liturgie ist inkarniert: in die Geschichte integriert; und zugleich übernatürlich, ein »Mysterium«. Letztlich ist sie eine endzeitliche Liturgie.

Theozentrische Liturgie

Es ist das Hauptkennzeichen christlicher Liturgie. Die Liturgie der Offenbarung (4–5) zeigt das sehr klar: Der alles Erkennen überragende Gott, der Schöpfer und Herr aller Dinge, ist die Mitte der authentisch christlichen Liturgie.

Johannes wird zum Himmel erhoben, schaut vor sich ein offenes Tor und hört die Aufforderung, heraufzukommen. Er sinkt in Ekstase, sieht den Gottesthron im Himmel, und auf dem Thron »saß einer«. Über diesen Jemand vermag Johannes zunächst nichts zu sagen. Gott erscheint ihm als ein »Mysterium«, das Geheimnis Gottes, das vom Menschen nie ganz erforscht werden kann. Es ist das Geheimnis des Jemand, ein Mysterium, das Person ist, und gleichzeitig ein Mysterium von Licht und Schönheit. Johannes kann nur dies sagen:

Auf dem Thron saß einer, der wie ein Jaspis und ein Karneol aussah. Und über dem Thron wölbte sich ein Regenbogen, der wie ein Smaragd aussah (4,3).

Der Regenbogen wie ein Smaragd bezeichnet die ewige Jugend Gottes. Die göttliche Vision erscheint ihm als unergründliches Geheimnis nicht nur von Schönheit, sondern auch von Majestät und Macht. Dieser Gott, dessen Mysterium von Schönheit, Majestät und Macht im Innersten christlicher Gottesverehrung steht, der lebendige und personale Gott ist der Schöpfer aller Dinge und gleichzeitig der Gott des Bundes.

Das durch die Gegenwart der vier Lebewesen, Vertreter der vier Weltteile, bezeichnete Schöpfungswerk bestätigt, daß der Schöpfergott souverän regiert als Herr des Weltalls überhaupt. Die Gegenwart der vierundzwanzig Greise ist Zeichen für Gottes Souveränität und Werk in der Geschichte. Gott, Schöpfer und Beherrscher des Kosmos, ist auch Herr und Lenker der Geschichte. Göttliches Erscheinen! Der liturgische Gesang der vier Lebewesen, den Johannes dann hört, faßt diesen Aspekt der Feier zusammen.

Sie ruhen nicht, bei Tag und Nacht, und rufen: Heilig, heilig, heilig ist der Herr, der Gott, der Herrscher über die ganze Schöpfung; er war, er ist, und er kommt (4,8).

Die Heiligkeit Gottes, seine unendliche und ewige Macht, die Herrschaft Gottes über das All, werden unaufhörlich verkündigt. Dieser Gott ist der lebendige Gott, der ewig Lebende, der Lebendige »von Ewigkeit zu Ewigkeit«.

Und sie (die Ältesten) legen ihre goldenen Kränze vor seinem Thron nieder und sprechen . . . (4,10).

Sie legen ihre Kränze vor dem Thron nieder. Dadurch zeigen sie, daß alles von diesem Lebendigen kommt, daß ihr Sieg von ihm kommt. Der Sieg des Menschen wird immer eine Gnade Gottes sein. Indem sie den ewigen und heiligen Gott, den Lebendigen, feiern, geben sie ihm alles zurück, denn er ist die Quelle von allem, die Quelle der Schöpfung und aller Geschichte. So bringt die Liturgie alles wieder zu

Gott, dem Ursprung, handle es sich um die Schöpfung oder um die Geschichte.

Dann sagen die Ältesten zu Gott:

Würdig bist du, unser Herr und Gott, Herrlichkeit zu empfangen und Ehre und Macht. Denn du bist es, der die Welt erschaffen hat, durch deinen Willen war sie und wurde sie erschaffen (4,11).

(Der Text würde buchstäblich lauten: »Du hast gewollt, daß sie nicht sei und geschaffen würde.«

Das ist ein Hebraismus für »erschaffen«, anders gesagt: »Du bist es, der wollte, daß sie, die nicht seiende, erschaffen würde«, unsere Übersetzung ist, wie man sieht, nicht die allerbeste).

Liturgie ist zuerst Anbetung. Das ist eine Grundvoraussetzung. Die Liturgie soll deshalb immer zunächst verkündigen: *Er ist, er war und er kommt,* Anerkennung der absoluten Souveränität des Herrn, des Schöpfers, des Ewigen, des Unendlichen, und gleichzeitig Staunen. Der Ruf der Ältesten: »Würdig bist du«, ist Ausdruck der Bewunderung für den vor uns in seinem Geheimnis verborgenen Gott, der aber den Menschen fasziniert. Das »tremendum« und das »fascinosum«!

Der erschreckende und der anziehende Gott! Wenn die Liturgie nicht grundsätzlich vom Geist liebender und staunender Anbetung durchdrungen wäre, würde sie unvollkommen sein. Sie wäre nicht ausgewogen, sie wäre nicht recht. In dieser Hinsicht ist die Liturgie der Apokalypse richtungweisend. Sie weist auf einen Grundsatz hin, der immer zu beachten ist. In der Liturgie wendet sich die Gemeinde zu Gott, sie orientiert sich auf ihn hin; sie tritt vor sein absolutes Geheimnis. Die Liturgiefeier soll eine solche Atmosphäre schaffen, daß sie Anbetung ermöglicht, totale Unterwerfung und Bewunderung, und die Anerkennung der völligen Souveränität des Herrn, von dem alles kommt und zu dem alles geht.

Das ist eine erste Dimension der Liturgie, die für das Christentum keine Besonderheit, wohl aber ein wesentlicher

Punkt ist. In der Liturgie dürfen wir Gott begegnen, zu Gott sprechen in Vertraulichkeit wie Kinder, sehr im Geist von Freiheit, nicht jedoch ungeniert. In ihrer Tiefe muß Liturgie vor allem Anbetung sein und bleiben.

Christozentrische Liturgie

Der zweite Aspekt der Liturgie in der Apokalypse erscheint im Kapitel 5. Da wird sie theozentrisch und christozentrisch, Christus und Gott sind eins. Die Liturgie ist die des Lammes, das allein imstande ist, das Buch unserer Bestimmung zu öffnen. Die Liturgie des Buches (Offb 5) wird ganz und gar beherrscht vom versiegelten Buch, das Gott in seiner Rechten hält. Das Hauptereignis dabei ist seine Überreichung an das Lamm, und es ist diese Überreichung des Buches, welche die dreifache liturgische Schlußakklamation dieses Kapitels auslöst. Nach einer immer aktuellen, schon im III. Jahrhundert bezeugten Deutung würde dieses Buch das Alte Testament bedeuten, dessen Inhalt seinen Sinn bekommt durch das Lamm und durch sein Opfer. Damit wird ein sehr wichtiger Hinweis gegeben: Die Liturgiefeier muß vom »Wort Gottes« ausgehen, das die Herzen zur liebenden und staunenden Anbetung hinlenken soll.

In seinem Inhalt ist das Alte Testament bekannt: Es ist die Geschichte dessen, was Gott von Anfang an für die Menschheit getan hat bis zur angekündigten Erlösung, die im Opfer des Lammes und durch dieses Opfer verwirklicht worden ist. Ausgangspunkt der liturgischen Feier ist das immer mehr vertiefte Gedächtnis und Verständnis jener Geschichte, die Abgründe von Liebe und Barmherzigkeit enthüllt. Sie auszuschöpfen, wird keiner christlichen Seele je gelingen.

Die Liturgie des Wortes bekommt ihren Sinn nur durch das Lamm, weil es allein imstande ist, das Buch zu öffnen; weil es allein den Schlüssel zu seinem Verständnis besitzt. Der Sinn des Alten Testaments muß aber hell werden durch die ganze Botschaft des Evangeliums von Jesus Christus. So wird die Verkündigung des Evangeliums zum Höhepunkt des

Wortgottesdienstes. In diesem Sinne führt der heutige Wortgottesdienst zu einer sehr glücklichen Steigerung: Die Lesungen beginnen mit dem Alten Testament, das sein Licht bekommt von den Apostelbriefen und vor allem vom Evangelium, dem Wort Christi.

Das alles gibt uns die Apokalypse auf feine Weise zu verstehen durch die Darstellung des Buches und durch seine Überreichung, die zur dreifachen Anrufung zu Ehren des Lammes führt. Darum also ist die Liturgie der Apokalypse eine Liturgie des Buches, und zwar des Wortes Gottes.

»Christozentrisch« ist sie mehr noch, weil Liturgie des Lammes, des »Lammes wie geschlachtet«. Sie ist eine Opferhandlung, eine Osterfeier, weil in ihrem Zentrum das österliche Mysterium gegenwärtig wird. Am Anfang von allem ist Gott, aber im Zentrum seines Werkes ist Christus, der, eins mit dem Vater, nur mit ihm handelt. Da ist das Opfer Christi, da ist der Sieg Christi, da ist die Person des gestorbenen und auferstandenen Christus. Im Zentrum der Liturgie der Offenbarung und so auch im Zentrum des christlichen Gottesdienstes steht das allerheiligste Opferlamm in der Herrlichkeit seines Triumphes.

Dieser Charakter der christlichen Liturgie wird in der Apokalypse durch das neue Lied ausgedrückt, gesungen von den vier Lebewesen und den vierundzwanzig Ältesten:

Würdig bist du, das Buch zu nehmen und seine Siegel zu öffnen; denn du wurdest geschlachtet und hast mit deinem Blut Menschen für Gott erworben aus allen Stämmen und Sprachen, aus allen Nationen und Völkern, und du hast sie für unsern Gott zu Königen und Priestern gemacht, und sie werden auf der Erde herrschen (5,9–10).

Die Kirche feiert dies: Das Opfer Christi und seine Frucht; zunächst verkündet durch die vier Lebewesen, die Repräsentanten des Kosmos, und die vierundzwanzig Ältesten, die Vertreter der Geschichte.

Als er das Buch empfangen hatte, fielen die vier Lebewesen und die vierundzwanzig Ältesten vor dem Lamm nieder; alle trugen Harfen und goldene Schalen voll von Räucherwerk; das sind die Gebete der Heiligen. Und sie sangen ein neues Lied (5,8–9).

Im Mittelpunkt der Anbetung steht Christus, denn er ist »würdig, das Buch zu öffnen«, und er »wurde geschlachtet«, und sein Opfer hat die »Menschen für Gott erworben«. Die Harfe deutet hier auf eine Danksagungsliturgie.

Und jetzt wird dieses »neue Lied« der vier Lebewesen und der vierundzwanzig Ältesten übertönt durch einen zweiten Chor

... von vielen Engeln rings um den Thron und um die Lebewesen und um die Ältesten; die Zahl der Engel war zehntausendmal zehntausend und tausendmal tausend. Sie riefen mit lauter Stimme: Würdig ist das Lamm, das geschlachtet wurde, Macht zu empfangen, Reichtum und Weisheit, Kraft und Ehre, Herrlichkeit und Lob (5,11–12).

Der Danksagungschor der liturgischen Versammlung, die ihren Erlöser preist, wird durch die Engelschar verdoppelt. Dabei stellen wir also fest: Der erste Chor hatte das Lamm gelobt, weil es »würdig« war, »das Buch zu nehmen und seine Siegel zu öffnen«, und betonte sein Opfer lediglich zur Begründung dieses besonderen Vorzugs. Jetzt dagegen hat die Liturgie des Buches aufgehört, nun bleibt nur die Feier des Opfers: Das Opfer Christi ist der Mittelpunkt der Liturgie zu Ehren des Lammes.

Ein dritter Chor kommt schließlich, um den Widerhall dieser Zelebration noch zu vergrößern.

Und alle Geschöpfe im Himmel und auf der Erde, unter der Erde und auf dem Meer, alles, was in der Welt ist, hörte ich sprechen: Ihm, der auf dem Thron sitzt, und dem Lamm gebühren Lob und Ehre und Herrlichkeit und Kraft in alle Ewigkeit (5,13).

Hervorzuheben ist ein deutlicher Unterschied in dieser Anrufung. In den zwei vorausgehenden wurde das Lamm allein erwähnt, hier jedoch gilt der Ruf »dem, der auf dem Thron sitzt, und dem Lamm«. Der Vater und das Lamm werden in ein und demselben Lob vereint: sie tun nur eins, und die ganze Geschichte der Menschheit ist also ihr vereintes Werk, dem Danksagung gebührt.

Die Liturgie ist christozentrisch, ohne ihren vorher betonten kosmischen Charakter zu verlieren: die ganze Schöpfung – die Engel, eine große Engelschar, dann das ganze Universum – die ganze Schöpfung bis in ihre äußersten Tiefen, feiert den Christus.

Wie ein immenses Atemholen weitet sich die Liturgie dieses Kapitels 5 bis zum Einbeziehen auch des Kosmos in ein einziges Ganzes. Dann aber, in einer Rückkehr zur Quelle, schließt Johannes sein Kapitel mit den Worten:

Und die vier Lebewesen sprachen: AMEN.

Sonst wird im Gottesdienst das Amen gewöhnlich von der versammelten Gemeinde gesprochen. Hier ist es umgekehrt. Die Liturgie gehört zum Thron; sie wurde ausgedehnt auf die äußerste Dimension des Kosmos; sie, die vier Lebewesen, haben die Liturgie angestimmt, und sie geben nun dem Kosmos lobende Bestätigung dafür, daß er sich weltweit mit der Feier zu Ehren des Lammes vereinigt hat. So bestätigen sie mit ihrem »Amen!« die Ehrung Christi, des Auferstandenen, durch das Universum.

Dann folgt der Abschluß:

Und die vierundzwanzig Ältesten fielen nieder und beteten an (5,14).

Die vierundzwanzig Greise, die die Liturgie mit angestimmt hatten, werfen sich nieder und verharren in schweigender Anbetung! Diese große Liturgie, die beträchtliche Dimensionen angenommen hat bis hin zu einer Art Aufschrei der ganzen Welt zur Ehre Christi, kehrt wieder zur Quelle zurück und vollendet sich im Schweigen der Anbetung. Da bekommen wir noch einen sehr wertvollen Hinweis für die Liturgie: sie möchte Anbetungsstille schaffen. Schließlich soll sie, so machtvoll und weit sie auch sein muß, die Herzen sammeln.

Gemeinschaftliche Liturgie

Das dritte typische Merkmal der Liturgie der Apokalypse ist ihr gemeinschaftlicher Charakter. Christliches Beten ist darauf bedacht, die Gemeinde, das heißt die Kirche als Gemeinschaft, in einem einzigen Strom von Gebet zusammenzuführen, weil ja die Kirche der Leib Christi ist. Dieser Gemeindeaspekt der christlichen Liturgie erscheint in besonderer Weise nach der Beschreibung der Szene der 144 000 mit dem Siegel Gottes Bezeichneten (7). Der Herr hat sein Volk versammelt. Er hat das göttliche Siegel auf der Stirn der Freigekauften anbringen lassen. Es beginnt eine große Liturgie:

Dann sah ich: eine große Schar . . .
niemand konnte sie zählen (7,9).

Johannes zieht die Aufmerksamkeit auf die Dimensionen dieser Gemeinde: sie ist ungeheuer groß, und niemand kann die Zahl der Versammelten nennen, keiner ist ausgeschlossen, diese Menge kommt wahrhaftig

aus allen Nationen und Stämmen, Völkern und Sprachen . . . Sie standen in weißen Gewändern vor dem Thron und vor dem Lamm und trugen Palmzweige in den Händen. Sie riefen mit lauter Stimme: Die Rettung kommt von unserem Gott, der auf dem Thron sitzt, und von dem Lamm (7,9–10).

Einmal mehr: Gott und das Lamm sind eins (vgl. Joh 10,30). Die Menge in weißen Gewändern, sozusagen in liturgischer Kleidung, immense Gemeinde, preist das Lamm und gibt ihm dabei genau die Titel, die damals dem heidnischen Imperator vorbehalten waren: »Die Rettung kommt von unserem Gott.« Diese Formel ist zum Beispiel über der Porta Major in Rom eingraviert. Der Titel hatte zur damaligen Zeit einen außergewöhnlichen Klang; das »Heil«, die sôtèria, der Titel »Retter« gebühren nicht dem Cäsar; denn nicht er ist's, der rettet, sondern Christus, das geschlachtete Lamm. Die Liturgie des Kapitels 7 der Offenbarung ist unverkennbar: die Gemeinde der Erlösten feiert ihren Retter.

Die ganze Menschenmenge, versammelt aus Völkern der ganzen Erde, findet sich vereint im Lobpreis ihres Erlösers. Das ist die Liturgie der Gemeinschaft.

Ferner ist sie eine Liturgie der Danksagung. Die Menge singt ein Danksagungslied und feiert das Geschenk der Rettung: »Die Rettung kommt von unserem Gott und von dem Lamm.« Die Menge bekundet ihren Dank und zeigt damit ihr tiefes Gespür für die Gnadenhaftigkeit des Heils. Das Heil kommt von Gott, es kommt vom Lamm. Die Menschen werden durch göttliches Eingreifen gerettet, aus Gnade. Dafür muß gedankt werden. Die Liturgie hat also eucharistischen Charakter. Mit dieser Gemeinde der Erlösten, der Losgekauften, verbindet sich wiederum die Schar der Engel.

Und alle Engel standen rings um den Thron, um die Ältesten und die vier Lebewesen. Sie warfen sich vor dem Thron nieder, beteten Gott an und sprachen: Amen, Lob und Herrlichkeit, Weisheit und Dank, Ehre und Macht und Stärke unserem Gott in alle Ewigkeit. Amen (7,11 bis 12).

Die erlöste Menschengemeinde steht in direkter Verbindung mit der Engelwelt. Die Liturgie auf Erden wird in direktem Zusammenspiel mit der Liturgie des Himmels vollzogen. Der Beginn mit »Amen« unterstreicht dies. Es ist das gleiche Lob der Erlöserweisheit Gottes, die gleiche Danksagung für seine barmherzige Liebe. Die Liturgie bringt so die Erdenwelt mit der Welt des Himmels in Einheit. Dieses Merkmal wird in der Ostliturgie stark betont. Sie hat den Charakter einer allumfassenden Gemeinde: Die Kirche ist die der Erde und des Himmels. In der Liturgie findet sich der ganze mystische Leib Christi vereint.

Die in der Apokalypse beschriebene Liturgie ist also theozentrisch, christozentrisch, österlich und opfernd, aber auch gemeinschaftlich und eucharistisch: Da ist eine Gemeinde, die Danksagung singt.

Eine in die Geschichte integrierte Liturgie

Die Liturgie der Apokalypse ist im innersten mit dem Drama der Geschichte vermischt: Ringen, Kampf und Sieg folgen einander und werden hier integriert. Das ist ein weiterer wichtiger Aspekt. Die Versammlung kommt zusammen zur Feier des Mysteriums, das ihr eigen ist, das ihr durch Offenbarung zuteil wird. Sie bleibt indessen zur Welt hin offen. Das könnte sich fast überall in der Apokalypse nachweisen lassen, am deutlichsten jedoch in den Liedern der Kapitel 11 und 12. Diese Lieder haben einen stark apokalyptischen Ton. Der Leser bemerkt, daß die Liturgie zuinnerst durchsetzt ist vom Drama der Geschichte; sie geht nicht außerhalb vorbei, sondern spielt inmitten der menschlichen Wirklichkeit, mitten im Ablauf der Ereignisse. Sie feiert, sie akzentuiert Entwicklungen im Wechsel des Kampfes. Sie feiert Gott jedesmal, wenn der Sieg des Herrn sich abzeichnet. Wir mögen bisweilen verwundert sein über etwas wilde Akzente dieser Liturgie, müssen aber bedenken, um was für einen Kampf es sich handelt und um welchen Sieg. Im Mittelpunkt von allem steht das Opfer des Lammes (12,10–12). Durch dieses Opfer und durch das Martyrium triumphieren das Lamm und die Seinen über die Macht des Bösen: sie haben gesiegt »durch das Blut des Lammes« und »durch ihr Wort und Zeugnis ... bis hinein in den Tod«. Wenn sie in diesem Kampf die Stärkeren waren, dann durch ihren Glauben und ihre Güte. Die triumphalen Akzente der Liturgiefeier kommen allein aus diesem Glauben: sie haben nichts zu tun mit einem Triumphalismus von Fleisch und Blut; es geht ja um den Sieg des »Zeugen«.

Die Liturgie soll den Christen diesen Kampf erneut bewußt machen und, daß sie die »Zeugen«, die »Heroen« des Lammes und seines Vaters sind. Mehr noch, sie soll sie rüsten für dieses Ringen, ihnen neue Kraft zum Zeugnis vermitteln, aber in der Liebe Christi, die alle Menschen umarmt. Es ist letztlich ihre Sicht vom Glauben her, die unaufhörlich erneuert und neu abgestimmt werden soll mit der Geschichte, in die sie engagiert sind und wo sie Zeugnis zu geben haben, auf daß endlich Gottes Reich komme, in Gerechtigkeit, Liebe und Frieden.

Eine übernatürliche »geheimnisvolle« Liturgie

Ein fünfter und neuer Aspekt wird deutlich in der Szene der 144 000 beim Lamm auf dem Berg Zion. Die Liturgie erscheint hier unter besonderem Gesichtspunkt in ihrem Mysteriencharakter, als im eigentlichen Sinn übernatürlich.

> Das Lamm stand auf dem Berg Zion, und bei ihm waren die hundertvierundvierzigtausend; auf ihrer Stirn trugen sie seinen Namen und den Namen seines Vaters (14,1).

Und Johannes sagt uns:

> Sie sangen ein neues Lied vor dem Thron und vor den vier Lebewesen und vor den Ältesten. Aber niemand konnte das Lied singen lernen außer den hundertvierundvierzigtausend, die freigekauft und von der Erde weggenommen worden sind (14,3).

Der christliche Gottesdienst ist ja ein Geheimnis des Glaubens, Vorrecht derer, die durch die Taufe auf ihrer Stirn den Namen des Lammes und den Namen seines Vaters tragen. Ihr Lied empfangen sie vom Himmel her. Das Lied ist keine Erfindung. Die Liturgie ist ein Geschenk von oben. Sogar die Worte ihres Liedes empfangen sie vom Himmel, und durch dieses von oben empfangene Lied kommunizieren sie mit dem Himmel. Das gleiche sagte Paulus den Römern (Röm 8,16 ff): »Wir wissen nicht, worum wir in rechter Weise beten sollen; der Geist selber tritt jedoch für uns ein . . .« Wir wissen nicht, was und wie wir zu Gott sprechen sollen. Es gibt einen Geist der Liturgie, ein der christlichen Liturgie eigenes Geheimnis, das immer zu wahren ist. Nur mit großem Respekt kann davon gesprochen werden. Liturgie ist kein Bereich für die Improvisation, sondern nur vollziehbar in Einheit mit der Kirche, mit ihrer Überlieferung und in Übereinstimmung mit der ganzen Kirche.

Die christliche Liturgie ist eine Liturgie aus Gnade; das Lied zu singen, schenkt Gott. Es ist in Worte zu übersetzen, die unserer Zeit angepaßt sind, aber um es getreu wiederzugeben, muß einer den Inhalt kennen. Wörter ändern sich im Laufe der Zeit. Jede Zeit muß neue Ausdrucksformen suchen, in direkter Verbindung aber mit der christlichen Überlieferung. Der christliche Gottesdienst hat seine von den Anfängen her geprägte Eigenart, die er nicht verlieren darf.

Endzeitliche Liturgie

Der endzeitliche Aspekt erscheint bereits im Kapitel 7, zeigt sich jedoch vor allem im Finale, in der großen Liturgie des neuen Jerusalem (21 und 22). Die Liturgiefeier des neuen Jerusalem trägt im wesentlichen die Züge des Laubhüttenfestes, des Festes der Zelte. Der zentrale Ritus war jener des Wassers. In der Liturgie des neuen Jerusalem wird der Strom lebendigen Wassers beschworen, »er geht vom Thron Gottes und des Lammes aus« (22,1). Es ist gut, daran zu erinnern, daß es im Rahmen dieses Festes der Zelte geschah, als Jesus mit lauter Stimme rief: »Wer Durst hat, komme zu mir und es trinke, wer an mich glaubt« (Joh 7,37). Zu dem im Mittelpunkt des Laubhüttenfestes stehenden Ritus des Wassers gehörte eine Liturgie des Lichtes. *Die Stadt,* sagt Johannes, *braucht weder Sonne noch Mond, die ihr leuchten. Denn die Herrlichkeit Gottes erleuchtet sie, und ihre Leuchte ist das Lamm* (21,23). Im Verlauf desselben Festes der Zelte war es, da sich Jesus als »das Licht der Welt« bezeichnete (Joh 8,12).

Das Laubhüttenfest war das Fest der Erneuerung des Bundes. Genau dies ist die große Idee von Offb 21–22, daß sich der Bund Gottes mit seinem Volk am Ende der Geschichte erfüllt und sich vollendet in der Ewigkeit. Das Laubhüttenfest wird also als Rahmen gewählt, um dieses Mysterium zu bezeichnen. Die Apokalypse geht zu Ende mit der Betrachtung dieses endzeitlichen Festes jenseits der Zeit und bietet es unserer Hoffnung dar nicht als Traum, Mythos oder Rauschmittel, um dem Leid hier unten zu entfliehen, sondern als sichere Wirklichkeit, als die endzeitliche Wirklichkeit, die sich abzeichnet am Horizont der Geschichte der Menschheit, zu dem hin sie sich unterwegs befindet. Liturgie will dieses Fest im himmlischen Jerusalem vorwegnehmen. Die Liturgie soll Zeichen dafür sein, sie ist der bevorzugte Ort der Vorwegnahme des Endes; des großen Festes, zu dem die Menschheit aufgebrochen ist, schon alles besitzend und, gleichzeitig, in Erwartung dieses Festes, das kommt. Die Liturgie soll die Ahnung eines göttlichen Festes wecken, in dem die Menschheit sich voll entfalten und versammeln wird für immer. Sie soll eine Liturgie voller Hoffnung sein, Hoffnung aber voller Freude, weil in der Feier selbst die Wirklichkeit schon gegenwärtig wird. Wir verstehen, warum das Kapitel 22 mit einem kraftvollen prophetischen Aufruf schließt, sich auf dieses Ereignis vorzubereiten.

Selig, wer sein Gewand wäscht: Er hat Anteil am Baum des Lebens, und er wird durch die Tore in die Stadt eintreten können (22,14).

Die Liturgie soll dieses zweifache charakteristische Zeichen des christlichen Lebens tragen: Sie soll die aktuelle Gegenwart der letzten Wirklichkeiten widerspiegeln und die Erwartung jener völligen und endzeitlichen Enthüllung, die für uns noch »Zukunft« ist.

Die Apokalypse endigt mit einem brennenden Appell, angeregt durch den Heiligen Geist im Herzen der Braut, das heißt der pilgernden Kirche (22,17). *Der Geist und die Braut aber sagen: Komm! Wer hört, der rufe: Komm!* Worauf der Bräutigam im Vers 20 antwortet: *Er, der dies bezeugt, spricht: Ja, ich komme bald.* Dann wiederholt die Braut: *Amen. Komm, Herr Jesus!* Die Liturgie sei also durchdrungen von dieser Hoffnung; erkennbar an dieser Hinwendung zum kommenden Herrn. Diesen Aspekt des christlichen Lebens und der Liturgie hat die neuerliche Liturgiereform wieder sehr beglückend hervorgehoben.

Die Apokalypse faßt zusammen, was zu jeglicher Liturgie gehört: Sie ist Anbetung Gottes, des Heiligen, des Schöpfers und Herrn, dessen Wort und Verheißung unfehlbar in Erfüllung gehen, denn »Er ist, er war und er kommt«. Er beherrscht alles. Sie ist Danksagung für das Opfer des Lammes, das geschlachtet wurde, aus Liebe, zu unserem Heil. Sie rüstet uns im Kampf gegen die Kräfte des Bösen, indem sie unseren Glauben belebt. Sie enthält den Charakter eines Mysteriums. Sie ist sichere und starke Hoffnung, die, durch den Heiligen Geist in jedem einzelnen und in der Kirche wachgerufen, immer Ausschau hält nach ihrem Herrn, der kommt. Der Heilige Geist ist die Quelle des lebendigen Wassers. Er ist die Quelle der Liturgie.

Bemerkenswert ist, wie Johannes das ganze Drama der menschlichen Geschichte in einen liturgischen Rahmen eingefügt hat, und wie die Apokalypse durch Lieder und Feiern profiliert wird. Er hat die Liturgie im innersten verschmolzen mit der Geschichte und die Geschichte mit der Liturgie. Dies gehört zu den wahrlich originellen und recht verblüffenden Merkmalen der Johannes-Offenbarung. Indem er so vorgeht, zeigt uns Johannes den Sinn und die Bedeutung der Liturgie. Sie ist weder Flucht noch Luxus; sie ist wahrhaft im Zentrum des Lebens der Kirche, weil das Opfer Christi zugleich das Herz der Kirche und der Geschichte ist. Den versammelten Gläubigen wird in der Liturgie das Geheimnis und das Drama, in das sie engagiert sind, tiefer bewußt.

In der Liturgie schenkt Gott seine Gegenwart. Hier wird das Opfer der Erlösung erneuert; die Gläubigen werden dadurch erleuchtet und gestärkt für ihren Kampf gegen die Mächte des Bösen. Im voraus erleben sie im Glauben und in der Hoffnung schon das Mysterium des Endes, das herrliche Mysterium der Freude des ewigen Hochzeitsfestes. Sie leben schon das Leben von Kindern Gottes, von Gliedern des königlichen und priesterlichen Volkes, des Volkes, das von Gott gewollt und Gott geweiht ist durch das Lamm, zum Preis seines Blutes (1,5–6).

Durch die Liturgie wird einer der Hauptpunkte dieses großen Buches, das die Apokalypse ist, eingeholt.

193

4. Kapitel Hören, Wachen, Mit-Christus-Sein: Die sieben Seligkeiten

In diesem Buch voll Unheil und Wut, Leid und Tod ertönen sieben Seligkeiten. Sie sind über das ganze Buch verteilt: Offb 1,3; 14,13; 16,15; 19,9; 20,6; 22,7 und 22,14.

Erste Seligkeit

Selig, wer diese prophetischen Worte vorliest und wer sie hört und wer sich an das hält, was geschrieben ist; denn die Zeit ist nahe (1,3).

Die Seligkeit des Lektors und der Hörer der Offenbarung hat, so scheint mir, liturgischen Charakter. Sie verkündet nicht das Glück des einsamen Lesers der Apokalypse. Es geht nicht um eine Privatlektüre, sondern um ein öffentliches Lesen, denn Johannes erwähnt dazu: *und wer sie hört.* An der Schwelle seines Buches verkündet Johannes Seligkeit dem Lektor und der Gemeinde, die seine Prophetenworte aufmerksam hört.

»Hören« ist wohl zu verstehen im Sinn von »annehmen«, »Glauben schenken«. Anhören der Worte genügt nicht, auch nicht nur zuhören, sagt Johannes, man muß sie »halten«. Also müssen wir »hören«, uns durchdringen lassen, um aus dem, was geschrieben und verkündigt ist, zu leben. Selig die christliche Versammlung, die die Worte der Prophetie des Johannes hört, deren Inhalt versteht, mit ganzem Glauben annimmt und ihren Lebenswandel davon inspiriert.

Das bedeutet »das Wort halten«. Auch Jesus pries den wahren Hörer »selig« (vgl. Lk 10,21 ff), mit der Mahnung:

»Handle danach, und du wirst leben« (Lk 10,28). Und als Antwort auf den Ausruf der Frau: »Selig die Frau, deren Leib dich getragen . . .«, sagt Jesus: »Selig sind vielmehr die, die das Wort Gottes hören und es befolgen« (Lk 11,28). In diesem Sinn ist die obige Seligkeit zu verstehen. Johannes fügt hinzu: *denn die Zeit ist nahe;* es kommt der Augenblick der Verwirklichung der Prophetie, die Endzeit ist da, und durch die johanneische Prophetie fällt ein Licht auf den Zeitabschnitt der Heilsgeschichte, in welchem wir uns befinden.

Die Prophetie bekundet den göttlichen Plan, der sich in Strafgericht und Gnade schon verwirklicht. Selig also die Gemeinde, die Gottes Plan offenbart bekommt, die Planung Gottes in der Geschichte, und die daraus Weisung und Licht empfängt für ihr Leben und ihre ganze Existenz davon leiten läßt.

Zweite Seligkeit

Und ich hörte eine Stimme vom Himmel her rufen: Schreibe! Selig die Toten, die im Herrn sterben, von jetzt an; ja, spricht der Geist, sie sollen ausruhen von ihren Mühen; denn ihre Werke begleiten sie (14,13).

Dieser Seligkeit ging die Verkündung des »ewigen Evangeliums« durch den Engel voraus, der »hoch am Himmel« mit lauter Stimme rief:

Fürchtet Gott, und erweist ihm die Ehre! Denn die Stunde seines Gerichts ist gekommen. Betet ihn an, der den Himmel und die Erde, das Meer und die Wasserquellen geschaffen hat (14,6–7).

Die Seligkeit wird vom göttlichen Heiligtum aus durch eine geheimnisvolle Stimme überbracht: *Ich hörte eine Stimme vom Himmel her rufen: Schreibe!* Die Botschaft der Seligkeit gilt denen, die in Vereinigung mit Christus sterben, die den Geboten Gottes und dem Glauben an Jesus treu waren. Es handelt sich nicht allein um die Märtyrer, sondern um alle, die bis zum letzten Atemzug dem Tier die Stirn geboten und ihren Glauben an Christus bekannt haben.

Selig sind, die in der Folterung durchgehalten haben und im Widerstand gegen das Tier treu geblieben sind. In diesem Vers gibt es eine grammatikalische Textschwierigkeit. Die Exegeten zögern vor dem Wort »von jetzt an«. Man kann es, wie das die TOB tut, auf »Selig« beziehen: »Selig von jetzt an, die . . .«. Man kann den Satz auch anders bilden: »Selig, die von jetzt an im Herrn sterben«. Oder es auf den folgenden Satz beziehen: »Selig, die im Herrn sterben; ja, sagt der Geist: von jetzt an sollen sie ausruhen von ihren Mühen.« Die Übersetzung der TOB: »Selig die Toten, die im Herrn sterben, von jetzt an« ist wohl vorzuziehen (So auch die Einheitsübersetzung im St. Benno-Verlag, Leipzig 1981).

Was ist unabhängig von der Satzstellung der Sinn dieses »von jetzt an«? es bedeutet: Diejenigen, die in diesem Zeitraum sterben, von Christi Tod und Auferstehung bis zu seiner Wiederkunft, seit Christus »der Erstgeborene der Toten« ist, »der »Herrscher über die Könige der Erde«, der »die Schlüssel des Todes und der Totenwelt« besitzt, durch dessen Auferstehung wir die Furcht vor dem Tod so weit überwinden können, daß wir jetzt von einem Einschlafen im Herrn sprechen dürfen, – selig sind sie, die in dieser Zeit, der Endzeit, sterben: Christus, das gestorbene und auferstandene Lamm, gibt jetzt über das Geheimnis des Todes Aufschluß in einer Klarheit, die frühere Zeiten nicht hatten ahnen können. Die Proklamation dieser Seligkeit erfolgt, ihrer Bedeutung angemessen, vom Himmel her: allein der Himmel kann uns aufklären über das Jenseits des Lebens. Die Seligkeit erhält Bestätigung durch den Geist. *Ja, spricht der Geist, sie sollen ausruhen von ihren Mühen; denn ihre Werke begleiten sie* (14,13c). Diese Bestätigung beginnt mit einem »Ja«, einem feierlichen Amen! Sie sollen ausruhen von ihren Mühen, von der Arbeit: der Tod wird zu einer Ruhe im Herrn, und das bedeutet in der Sicht der Offenbarung für diejenigen, die im Herrn sterben, das Ende der Verfolgung, der großen Trübsal, in die die Kirche eingetaucht war. Und »ihre Werke begleiten sie«; die Glaubensentscheidungen für Christus trotz

aller Verführungen, aller Versuchungen, aller Drohungen, die
Treue zu Gottes Geboten: all das überschreitet die Schwelle
des Todes. Sie gehen dahin, begleitet von ihren Werken, von
ihrer Entschiedenheit.

Die zweite Seligkeit ist die Seligkeit des Todes in Christus.
Christus erhellt nicht nur das Leben, das Mysterium des Le-
bens und der Geschichte, sondern auch das Geheimnis des
Todes.

Dritte Seligkeit

Siehe ich komme wie ein Dieb. Selig, wer wach bleibt und
sein Gewand anbehält, damit er nicht nackt gehen muß
und man seine Blöße sieht (16,15).

Diese Seligkeit steht nach den ersten sechs Schalen, vor der
Ausgießung der siebten, inmitten der letzten Plagen. Es ist
die Seligkeit der Wachenden. Sie beginnt mit der Ankündigung des kommenden Christus. Ein Vergleich mit endzeitlichen Texten der Synoptiker zeigt nahe Verwandtschaft
(Mt 24,42–44 oder Lk 12,35).

Wer also ist der Verkündiger dieser Seligkeit: »Siehe, ich
komme wie ein Dieb«? Es ist der Menschensohn, dieselbe
Gestalt, die im Brief an die Kirche von Sardes (3,3) erklärt
hatte: *Wenn du aber nicht aufwachst, werde ich kommen wie
ein Dieb, und du wirst bestimmt nicht wissen, zu welcher
Stunde ich komme.* Es ist Christus, der seine Wiederkunft
ankündigt und dazu auffordert, daß man ihn erwarte, daß
man wach sei. Wirklich neu ist nur das Bild des Gewandes.
Selig, wer wach bleibt und sein Gewand anbehält. Wir können in diesem Bild eine Art Verdopplung der Wachsamkeit
erblicken: Der Wachende behält die Kleider an. Nach anderen müßten wir eine symbolische Bedeutung vermuten: Wer
mit den Tugenden bekleidet bleibt, deren Quelle die Gnade
Christi ist, bekleidet auch mit den guten Werken, von denen
gegen Ende (19,8) gesagt wird, sie bilden das Gewand von
Leinen, das die Braut in Erwartung der Hochzeit anlegt, der
ist's, der »sein Gewand anbehält«.

Vierte Seligkeit

Diese Seligkeit gehört zum Sieges-Gesang vor der unmittelbaren Ankündigung der Hochzeit des Lammes.

> Halleluja! . . . Wir wollen uns freuen und jubeln und ihm die Ehre erweisen. Denn gekommen ist die Hochzeit des Lammes . . . Jemand sagte zu mir: Schreib auf: Selig, wer zum Hochzeitsmahl des Lammes eingeladen ist (19,6b bis 9a).

Wie die anderen bisher aufgeführten ist auch diese Seligkeit eine Botschaft für die Kirche: die Seligkeit der zur endzeitlichen Festfeier Geladenen. Einige Exegeten haben in diesem Hochzeitsmahl die Eucharistie gesehen, was vielleicht schwer zu beweisen wäre. Mir scheint jedoch nicht, daß die Seligpreisung den Blick direkt auf die Eucharistie richtet; vielleicht meint sie sie indirekt, und ihre Anwendung in der Liturgie geschieht also völlig zu Recht, da ja die Eucharistie das Festmahl des Reiches vorwegnimmt. Aber im Zusammenhang gesehen scheint mir wohl, daß die Seligpreisung ganz gewiß die Feier des endzeitlichen Mahles in der Herrlichkeit des himmlischen Jerusalem im Blick hat.

Diese Seligkeit bildet das Vorspiel zu den Visionen der Kapitel 21 und 22. Wir müßten sie vergleichen mit der Seligkeit des Kapitels 14: *Selig die Toten, die im Herrn sterben, von jetzt an; ja, spricht der Geist, sie sollen ausruhen von ihren Mühen; denn ihre Werke begleiten sie.* Die vierte Seligkeit geht einen Schritt weiter. Das Ausruhen der Gerechten wird zur Teilnahme an der jubelnden Freude beim Hochzeitsfest des Lammes. Zusammen mit der vorhergehenden Seligkeit schauen wir die ganze Offenbarung mit einem Blick: Ihre guten Werke begleiten sie, und sie treten als Geladene ein zur Feier der Hochzeit des Lammes.

Diese Seligkeit wird denjenigen versprochen, die »eingeladen« sind. Die Seligkeit des Kapitels 14 legte den Akzent auf die Werke, die sie begleiten. Hier wird der andere Aspekt des Mysteriums hervorgehoben: die Gnade. Die Seligkeit wird denen versprochen, die »eingeladen« sind. Beides ist da: Treue des Menschen und Gnadenhaftigkeit der Einladung. Wenn die Menschen, selbst die an guten Werken reichen, Geladene sein werden, Gerufene, Erwählte, Errettete, dann immer aus Gnade.

Der Einladende ist Christus, er ist bei dieser Hochzeit der Gastgeber. Er hat für diese Freude den Preis bezahlt, und es ist seine Glorie, die ihr allen Glanz verleiht.

Wie die vorige erhält auch diese Seligkeit eine Art Bestätigung: denn der Engel sagt:

Das sind zuverlässige Worte, es sind Worte Gottes (19,9b).

Fünfte Seligkeit

Selig und heilig, wer an der ersten Auferstehung teilhat. Über solche hat der zweite Tod keine Gewalt. Sie werden Priester Gottes und Christi sein und tausend Jahre mit ihm herrschen (20,6).

Diese Seligkeit findet sich genau nach dem Text eingefügt, der das berühmte »Millennium« betrifft, die tausend Jahre, die Johannes mit der ersten Auferstehung gleichsetzt.

Sie (die Toten) gelangten zum Leben und zur Herrschaft mit Christus für tausend Jahre . . .

Das ist die erste Auferstehung (20,4d–5).

In Erwartung der zweiten, die das Ende der Welt ist, scheinen diese erste Auferstehung und das Tausendjährige Reich die ganze Kirche zu betreffen, wenn hier von den Seelen der Getöteten die Rede ist; denn Johannes sagt:

Ich sah die Seelen aller, die enthauptet worden waren, weil sie an dem Zeugnis Jesu und am Wort Gottes festgehalten hatten (20,4b).

Es handelt sich um die Gemeinschaft derer, die Christus treu gewesen sind bis zum Tod, und um die Kirche auf Erden, die in Vereinigung mit ihnen ihren Weg fortsetzt. Wer Christus treu ist, hat teil an diesem Reich; hat teil an der ersten Auferstehung; er ist schon im voraus auferweckt, in Vorwegnahme dessen, was Johannes die zweite Auferstehung nennen wird. Es wird nämlich eine zweite Auferstehung geben, und sie wird gleichzeitig mit der Ankunft des neuen Jerusalem geschehen.

Das ist dann der Eintritt der erlösten Menschheit insgesamt; der Eintritt in das vollendete Reich Gottes. In dem Augenblick erfolgt diese fünfte Seligpreisung.

Johannes lehrt hier – und das ist, unabhängig von den Diskussionen über die exakte Natur des Tausendjährigen Reiches, sicher – die Seligkeit der Märtyrer und der treuen Christen. Es ist das dritte Mal, daß er es bekräftigt, aber er geht hier wieder einen Schritt weiter: sie nehmen teil am königlichen Priestertum Christi. Wir erkennen also folgende Steigerung: ihre guten Werke begleiten sie, sie nehmen am Hochzeitsfest teil, sie herrschen mit Christus, »der zweite Tod« hat keine Gewalt über sie, sie sind Priester Gottes und Christi.

Sechste Seligkeit

Sie bringt uns nichts Neues: am Ende des Buches wiederholt sie einschlußweise die Seligkeit, die am Anfang des Buches stand (1,3).

Siehe, ich komme bald. Selig, wer an den prophetischen Worten dieses Buches festhält (22,7).

Beim Vergleich mit der Formulierung von Offb 1,3 ist lediglich eine Veränderung festzustellen. Es heißt nicht mehr: Selig, wer »vorliest« und wer »hört«. Das Vorlesen wird angenommen, und das Hören ist beendet.

Deshalb wiederholt Johannes nur die Aussage »wer sich an das hält, was geschrieben ist«: »Selig, wer an den prophetischen Worten dieses Buches festhält.« Festhalten ist im strengen biblischen Sinn zu verstehen: Sich die Worte zur Lebensregel, zu eigen machen.

Siebte Seligkeit

Kurz vor dem Gebet der Kirche in Einheit mit dem Heiligen Geist: »Komm, Herr Jesus!«, schreibt Johannes:

Selig, wer sein Gewand wäscht: Er hat Anteil am Baum

des Lebens, und er wird durch die Tore in die Stadt eintreten können (22,14).

Vielleicht liegt in den Texten, die die gewaschenen Gewänder betreffen, eine Anspielung auf die Taufe; das ist nicht auszuschließen. Die Anspielung auf die gewaschenen und im Blut des Lammes weiß gemachten Kleider findet sich in der Antwort des Ältesten, der Johannes nach der Menge der 144 000 befragt hatte. Er gibt genauere Auskunft: *Es sind die, die aus der großen Bedrängnis kommen.* Dann erklärt er: *Sie haben ihre Gewänder gewaschen und im Blut des Lammes weiß gemacht.* Der erste Sinn ist offensichtlich die Erlangung der Reinheit, gereinigt worden zu sein, gewaschen im Blut Christi.

Daß die Gewänder »im Blut des Lammes« gewaschen wurden, ist in dieser letzten Seligkeit nicht genauer ausgesagt, aber gemeint. Es bedeutet also: Selig alle, die der Erlösung teilhaft geworden sind, die rein geworden sind, wiedergeboren durch das Blut des Lammes. Nunmehr dürfen sie unmittelbar »durch die Tore« in das himmlische Jerusalem eintreten.

Wenn Johannes hier in genauerer Umschreibung neben der Verheißung »er hat Anteil am Baum des Lebens« noch die besondere Angabe macht »durch die Tore eintreten«, könnte er damit nicht auf den Taufritus hinweisen, den Ritus der Reinigung und des Eintretens in die heilige Stadt? Der Baum des Lebens dürfte im Hinblick auf die Kommunion als Leib Christi gedeutet werden.

Diese Seligkeit beschließt wunderbar die Apokalypse, denn schließlich geht es doch darum: Teilhabe an der durch Christus, das Lamm Gottes, erwirkten Erlösung.

Die Seligkeiten der Apokalypse haben einen rein endzeitlichen Charakter. Sie lassen sich auf zwei Punkte zusammenfassen:

- Die Prophetie hören, wachend sein,
- die Sicherheit haben, in Christus zu sterben.

Man dürfte der Apokalypse wohl den Titel »Das Buch der Hoffnung« geben: der menschlichen Hoffnung, der christlichen Hoffnung, der göttlichen Hoffnung, Ja, es ist wahrhaft das Buch der Hoffnung.

Das Mysterium der menschlichen Zukunft

Johannes macht für uns, für das Ende unserer Geschichte anschaulich – denn er hat sie durch göttliche Gnade geschaut – diese strahlende Vision des neuen Jerusalem, der neugeschaffenen Welt und der ewigen Hochzeit bei der Wiederkunft des Herrn in Herrlichkeit, in Gottes Herrlichkeit. Johannes hat das Geheimnis der menschlichen Zukunft im Licht Gottes geschaut und durchdrungen. Oder vielmehr Gott hat ihm enthüllt und aufgetan, was für die Menschheit sonst verborgen bleibt: die großartige Zukunft, die er für uns bereithält: seine Kinder zu sein, die aus seiner Liebe hervorgegangen und von ihm dazu bestimmt sind, in seine Liebe heimzukehren. Johannes hat uns diese wunderbare Bestimmung beschrieben, die Paulus auf seine Weise zusammenfaßt: »Denn in ihm hat er uns erwählt vor der Erschaffung der Welt, damit wir heilig und untadelig leben vor Gott; er hat uns aus Liebe im voraus bestimmt, seine Söhne zu werden . . . (Eph 4–5).

Miteinander in Frieden am Ende unserer Kämpfe, am Ende unseres Ringens, für immer getröstet von aller Traurigkeit. Die Tränen werden getrocknet, der Tod nicht mehr sein. Es wird unter uns keine Spaltungen mehr geben, wir werden im Frieden des Herrn, in seinem Anblick versammelt sein.

So dürfen wir sagen, daß die Offenbarung das Buch der Hoffnung ist.

Es ist unter allen Büchern des Neuen Testaments dasjenige, welches wohl am ausdrücklichsten und klarsten die vielfältigen Linien von Erwartung und Hoffnung zusammenbringt, die sich schon durch das Alte Testament ziehen. Denn das Alte Testament ist das Buch einer unbegrenzten Hoffnung, einer grenzenlosen Erwartung. Sankt Johannes zeigt uns, daß diese Hoffnung in der Ankunft Jesu Christi erfüllt worden ist und daß sie ihre höchste Vollendung erreichen wird, wenn er kommt in Herrlichkeit.

Ein Volk unterwegs und schon am Ziel

So gesehen hat also Johannes die Bibel vervollständigt, er schrieb sie zu Ende. Ein Merkmal unterscheidet jedoch ihn wie auch alle anderen Verfasser des Neuen Bundes deutlich vom Alten Testament: Er zeigt uns, daß wir auf eine große Wirklichkeit zugehen.

Eine starke Hoffnung soll uns tragen. Noch einmal: Auch die Juden im alten Israel erwarteten das göttliche Eingreifen. Was gibt es mehr in der Johannes-Offenbarung? Es gibt dies: daß die Verwirklichung dieser Hoffnung schon begonnen hat. Das Alte Testament erwartet etwas, das immer noch in der Zukunft liegt. Die christliche Hoffnung stützt sich auf einen schon errungenen Sieg, anders gesagt, auf Christus. Christus hat für uns den Sieg schon errungen, Christus hat für uns schon triumphiert. Die Güter, die er uns schenken will, sind schon erworben. Er hat sie schon in seiner Hand, er teilt sie schon aus. Wir sind nicht einzig und allein Menschen der Zukunft, wir sind Menschen der Gegenwart. Und das ist es, was christliches Hoffen prägt: Alles ist uns schon gegeben, zur gleichen Zeit, da wir es erwarten. Wir besitzen schon das ewige Leben. Das ist die große Botschaft des Evangeliums: »Wer an mich glaubt, wer mein Fleisch ißt, wer mir nachfolgt . . ., hat das ewige Leben«. Alles ist uns schon gegeben. Aber wir müssen erwarten, daß der Vorhang sich hebt: denn alles ist uns im Glauben schon gegeben, aber noch verhüllt; »was wir sein werden, ist noch nicht offenbar geworden«. Aber wir sind es! Und für die Augen des Glaubens sind wir schon von Gottes Herrlichkeit erfüllte Wesen. Der heilige Paulus sagt im zweiten Brief an die Gemeinde in Korinth: »Wir alle spiegeln mit enthülltem Angesicht die Herrlichkeit des Herrn wider und werden so in sein eigenes Bild verwandelt, von Herrlichkeit zu Herrlichkeit, durch den Geist des Herrn.« Wir Menschen der Gegenwart sind also Menschen der Zukunft. Wir gehen von Herrlichkeit zu Herrlichkeit! Der heilige Johannes läßt es uns immer wieder in der Offenbarung seiner Visionen vernehmen. Die 144 000 mit dem Siegel Bezeichneten, die 144 000, die dem Lamm folgen, jene Diener Gottes, die das Lied des Mose singen, denn sie haben das Meer schon durchschritten, sie sind das, was wir morgen sein werden und heute schon sind.

Wir sind dieses Volk, unterwegs und schon am Ziel! Das ist das christliche Paradox, das Geheimnis, das wir in uns tragen. Das, was uns die Apokalypse aufdeckt, was sie uns offenbart hat; was die kraftvolle Beweglichkeit des heiligen Johannes belebt; es ist das, was er zu seinen Christen bringt, die in das Meer des Bösen eingetaucht, immer wieder in Verfolgung gestürzt und in Prüfungen geworfen, in Angst gehalten, in Schwierigkeiten verstrickt und in Kämpfe verwickelt wurden wegen ihres Glaubens.

Er richtete sie auf die Zukunft hin, er forderte sie auf weiterzublicken.

Diese christliche Hoffnung ist kein Traum, ich habe es schon gesagt, nicht Ausflucht, sondern Gewißheit. Sie stützt sich auf das unveränderliche Wort des Herrn, das Wort, das nicht täuscht. Und es ist dieses Wort, worauf wir unser Leben bauen. Diese Hoffnung ist eine Realität, deren wunderbarer Inhalt sich in der Johannes-Offenbarung vor unseren Augen entfaltet. Diese Hoffnung hindert den Seher jedoch keineswegs, das Gegenwärtige so zu betrachten, wie es ist. Erinnern wir uns an seine Briefe an die sieben Gemeinden, an jenen Brief an die Gemeinde von Ephesus: »Ich weiß ... du hast ausgeharrt und um meines Namens willen Schweres ertragen und bist nicht müde geworden.« Die Prüfung der Epheser ist realistisch, sie will das Leben als solches beleuchten. Sie ist kein Versuch, die Wirklichkeit, ihre Rauheit und Ängste zu leugnen, sondern ein Licht, sie zu verklären. Sie ist eine Kraft, die uns im Leben trägt.

Nicht für uns allein!

Das sagt uns Sankt Johannes in diesem großen Buch, das die Apokalypse ist. Das Buch ist eine Ermahnung zum mutigen Kampf in Standhaftigkeit und Beharrlichkeit. Und genau diese Hoffnung ist die Waffe, die uns die Offenbarung gibt – die auf den Glauben gestützte Hoffnung – nicht um durch einen Schlag mit dem Zauberstab die Bedingungen zu verändern, unter denen unser Leben verläuft. Unsere Lage ist die aller anderen Menschen. Wir Christen haben die gebieterische Pflicht, die Geschicke aller Menschen zu teilen. Wir haben, jeder von uns, unser Maß an Leid und Tränen, an Traurigkeiten und Prüfungen. Aber wir haben die Gnade empfangen, diesen Glauben an das Leben: Jesus Christus ist da und, mit seiner Gegenwart, die Sicherheit des errungenen Sieges, das Bewußtsein, Bezeichnete zu sein mit einem ewigen Siegel, welches uns garantiert, daß wir geliebt werden.

All diese Reichtümer, die wir in der Apokalypse entdeckt haben, dürfen wir nicht für uns behalten. Wir sind Begnadete. Es ist die Gnade des Christen, dieses Licht zu haben.

Am Ende dieser Lektüre, da wir gemeinsam die Apokalypse gelesen haben, müssen wir uns auf diese Verantwortung besinnen. Für uns ist nunmehr die tiefe Realität – und das ist der Sinn der Offenbarung – mehr als für viele andere offenbar geworden. Nicht für uns ganz allein! Gott gibt sein Licht durch Menschen, durch uns weiter. Wir müssen, scheint mir, an die große Verantwortung denken, die auf unseren Schultern liegt, und dieses Licht mit sehr großer brüderlicher Liebe aufnehmen. Gott gibt uns dieses Wort der Hoffnung nicht für uns allein. Er richtet es an unsere Brüder, durch uns. Wir sollten von dieser Analyse, von diesem Nachdenken über die Schrift, aufbrechen, um Licht und Hoffnung zu bringen.

Aber allein der Heilige Geist kann dieses Werk, unseren Brüdern zu »leuchten«, in uns vollbringen. »Wenn Er kommt, der Geist der Wahrheit, wird Er uns in alle Wahrheit einführen.«

Diese Entdeckung, diese Lektüre, diese Meditation der Apokalypse dürfte nur betend beendet werden! Allein der Geist kann in uns diesen Glauben, diese Hoffnung, diese Kraft erwecken. Und allein der Geist kann unseren Worten mitteilsame Kraft verleihen, damit unser Wort brüderlich ist und wahrhaft das Wort Christi. Wie ein Lamm mitten unter den Wölfen geworden, sich opfern lassen wie das Lamm, um das Licht zu werden.

In einem Danksagungslied danken wir dem Herrn für das Licht, das er uns gibt durch seine Schrift:

Licht, das nicht allein Aufhellung eines Gedankensystems bedeutet, sondern die Offenbarung der menschlichen Situation, wie sie wirklich ist, die Enthüllung des Planes Gottes: unser Leben aus der Sicht des Herrn. Und sagen wir Dank! Erbitten wir beim Herrn große Liebe und Kraft, um im Bewußtsein unserer christlichen und priesterlichen Verantwortung – wir sind ein priesterliches Volk – dieses Licht und diese Hoffnung unseren Brüdern zu bringen.

Zur Weiterbeschäftigung mit dem Thema dieses Buches und als Zusatzlektüre sei hingewiesen auf Literatur, die dem Leser in der DDR zugänglich ist:

W. Grossouw / M. Limbeck, Art.: Offenbarung des Johannes, in: Bibellexikon, hrsg. vo. H. Haag, Leipzig 1971, Sp. 1251–1255

die Abschnitte über die Offenbarung in den Einleitungen in das Neue Testament:

A. Wikenhauser / J. Schmid, Leipzig ²1973 (Nachdruck der 6. Auflage)

H.-M. Schenke / K. M. Fischer, Berlin 1979

E. Lohse, Die Entstehung des Neuen Testaments, Berlin 1976

E. Lohse, Die Offenbarung des Johannes (NTD 11), Berlin 1965

T. Holtz, Die Christologie der Apokalypse des Johannes (TU 85), Berlin 1962; ²1971

Kirchliche Druckerlaubnis:
Dresden, den 31. Mai 1985,
H. J. Weisbender, Generalvikar

ISBN 3-7462-0071-7

1. Auflage 1986
Lizenznummer 480/124/86
LSV 6024
Lektor: Michael Zorr
Printed in the German Democratic Republic
Gesamtgestaltung: Werner Sroka
Gesamtherstellung: Union-Druck (VOB), Halle
01470